TDAH

Dados Internacionais de Catalogação na Publicação (CIP)
(Câmara Brasileira do Livro, SP, Brasil)

Arcangeli, Donatella
   TDAH : o que fazer e o que evitar : guia rápido para professores e professoras do Ensino Fundamental / Donatella Arcangeli ; tradução de Francisco Morás. – Petrópolis, RJ : Vozes, 2022. (Coleção O que fazer e o que evitar)

   Título original: ADHD : Cosa fare e cosa non

   Bibliografia.

   7ª reimpressão, 2025.

   ISBN 978-65-5713-599-0

   1. Crianças com transtorno do déficit de atenção – Educação 2. Professores – Formação 3. Sala de aula – Direção 4. TDAH (Transtorno do Déficit de Atenção com Hiperatividade) I. Título.

22-99515   CDD-371.94

Índices para catálogo sistemático:
1. TEA : Transtorno do Espectro do Autismo :
Educação inclusiva   371.94

Cibele Maria Dias – Bibliotecária – CRB-8/9427

Donatella Arcangeli

TDAH

O QUE FAZER (E O QUE) EVITAR

guia **RÁPIDO** para professores do ENSINO FUNDAMENTAL

Tradução de Francisco Morás

EDITORA VOZES

Petrópolis

© 2020, by Edizioni Centro Studi Erickson S.p.A., Trento (Itália)
www.erickson.it
www.erickson.international

Tradução do original em italiano intitulado *ADHD – Cosa fare e cosa non – guida rapida per insegnanti*

Direitos de publicação em língua portuguesa – Brasil:
2022, Editora Vozes Ltda.
Rua Frei Luís, 100
25689-900 Petrópolis, RJ
www.vozes.com.br
Brasil

Todos os direitos reservados. Nenhuma parte desta obra poderá ser reproduzida ou transmitida por qualquer forma e/ou quaisquer meios (eletrônico ou mecânico, incluindo fotocópia e gravação) ou arquivada em qualquer sistema ou banco de dados sem permissão escrita da editora.

CONSELHO EDITORIAL

Diretor
Volney J. Berkenbrock

Editores
Aline dos Santos Carneiro
Edrian Josué Pasini
Marilac Loraine Oleniki
Welder Lancieri Marchini

Conselheiros
Elói Dionísio Piva
Francisco Morás
Teobaldo Heidemann
Thiago Alexandre Hayakawa

Secretário executivo
Leonardo A.R.T. dos Santos

PRODUÇÃO EDITORIAL

Anna Catharina Miranda
Eric Parrot
Jailson Scota
Marcelo Telles
Mirela de Oliveira
Natália França
Priscilla A.F. Alves
Rafael de Oliveira
Samuel Rezende
Verônica M. Guedes

Editoração: Elaine Mayworm
Diagramação: Sheilandre Desenv. Gráfico
Ilustrações: Carciofo Contento
Revisão gráfica: Alessandra Karl
Capa: Edizioni Centro Studi Erickson S.p.A.
Arte-finalização: Érico Lebedenco
Ilustração de capa: CarciofoContento

ISBN 978-65-5713-599-0 (Brasil)
ISBN 978-88-590-2046-2 (Itália)

Este livro foi composto e impresso pela Editora Vozes Ltda.

SUMÁRIO

Apresentação, 7

Introdução, 9

Hiperatividade, 31

Capítulo 1 Levanta-se e vagueia pela sala, 32

Capítulo 2 Deita-se debaixo da carteira, 38

Capítulo 3 Brinca com o material na carteira, 44

Capítulo 4 Tagarela e atrapalha a aula, 50

Capítulo 5 É caótica e barulhenta no jogo, 56

Impulsividade, 63

Capítulo 6 Não respeita sua vez, 64

Capítulo 7 Interrompe e é invasiva, 70

Capítulo 8 Comete sempre os mesmos erros, 76

Capítulo 9 Não evita o perigo, 82

Capítulo 10 Não consegue ser paciente, 88

Desatenção, 95

Capítulo 11 Não anota as tarefas, 96

Capítulo 12 Não termina o trabalho, 102

Capítulo 13 Vive com a cabeça nas nuvens, 108

Capítulo 14 Tem dificuldade de se organizar, 114

Capítulo 15 Perde e esquece os objetos, 120

Conclusões, 127

Referências, 129

Apêndice — Fichas de trabalho, 131
    Ficha informativa, 133
    Tabela de observação, 134
    Tabela de monitoramento, 136
    O acordo/contrato, 137
    Compilação de prêmios, 138

APRESENTAÇÃO

Caros docentes,

Há 20 anos me ocupo de saúde mental em idade evolutiva: sou neuropsiquiatra para crianças e adolescentes.

Minha primeira função, na condição de médica, é diagnosticar e responder a razão pela qual uma criança apresenta dificuldades em seu desenvolvimento.

Sempre tive a convicção de que o primeiro ato terapêutico é o diagnóstico, pois só quando se sabe é possível cuidar e curar.

Além disso, só quando compreendemos a razão pela qual uma criança se comporta de determinada maneira podemos adotar intervenções terapêuticas direcionadas (reabilitativas, psicoterapêuticas, educativo-didáticas, e até mesmo psicofarmacológicas), visando ajudá-la.

Desde 2008 me ocupo de *Teacher Training*, ou seja, da formação de docentes, tanto individualmente quanto em grupo, seja nas escolas italianas e alemãs seja nas da Província de Bolzano, Itália; experiência para mim preciosa, que reforçou minha convicção de que somente um tratamento "multimodal" dos transtornos de desenvolvimento mais severos (p. ex., transtorno do espectro autístico ou TDAH) pode ser eficaz no enfrentamento das necessidades educativas especiais desses alunos[1].

---

[1] Para os aprofundamentos e as FAQ surgidas durante os *Teacher Training* no Alto Adige, cf. os materiais presentes nas fontes on-line (código de acesso a p. 132). (FAQ são as iniciais da expressão em inglês *Frequently Asked Questions*, que significa Perguntas Respondidas Frequentemente, ou simplesmente, Perguntas Respondidas [N.T.].)

O *Teacher Training* representa uma intervenção terapêutica indireta sobre o aluno: o objetivo é fazer com que os professores adquiram conhecimento sobre o funcionamento cognitivo dos indivíduos com transtorno (de desenvolvimento, de comportamento, psiquiátrico), para que possam aplicar técnicas educativas e didáticas específicas e, portanto, mais eficazes, assim como desenvolver uma linguagem consoante à dos clínicos que se ocupam dos cuidados infantis.

Entretanto, o *Teacher Training* sem uma continuidade didática na escola é inútil: muitas vezes me vi repetindo para alunos os mesmos conceitos-base que se haviam perdido por conta da troca de professores.

Daqui nasceu a ideia deste livrinho de *Teacher Training*: um guia rápido e pronto para o uso, destinado aos professores do Ensino Fundamental que lidam com alunos com TDAH, no intuito de ajudá-los a conhecer melhor o transtorno e a aplicar estratégias simples, mas eficazes, a fim de assumir esses alunos e lidar do melhor modo possível com eles.

INTRODUÇÃO

O TDAH (Transtorno de Déficit de Atenção com Hiperatividade [em inglês ADHD: Attention Deficit Hyperactivity Disorder]) indica um Transtorno de Déficit de Atenção/Hiperatividade típico daquelas crianças que apresentam dificuldades de manter a atenção e de controlar a impulsividade e o movimento.

Primeiramente, vale lembrar que a criança com TDAH é uma criança com necessidades educativas especiais que requer muita paciência, mas também muita determinação e, sobretudo, muita autoridade/respeitabilidade. É uma criança com uma fragilidade, embora inicialmente possa parecer apenas uma criança malcriada, prepotente e preguiçosa. Por isso, trata-se de uma criança que deve ser "compreendida", antes que simplesmente "controlada".

Quanto mais se conhece o funcionamento cognitivo dessa criança, mais será possível compreendê-la. Quanto mais se compreende por que a criança *é assim* e porque *age assim*, mais facilmente será possível entrar em seu mundo real e reunir condições de fazer-se respeitar. Consequentemente, é possível educá-la com menos dificuldade, "guiá-la" melhor na vida e "extrair" todas as suas potencialidades.

Na qualidade de professores, tentem imaginar esse aluno portador de TDAH como alguém com uma marcha a mais, com pilhas que nunca descarregam: trata-se de uma criança com tanta energia que facilmente aborrece, já que é eternamente ativa, continuamente atraída por novas experiências, incapaz de autocontrolar-se diante de uma novidade empolgante ou de uma atividade entediante.

Por que é tão difícil de lidar com uma criança com TDAH na escola? Vale inicialmente lembrar que, por comportar-se de forma inadequada, a primeira impressão que ela passa é que suas dificuldades de comportamento e de aprendizagem dependem dela ou de sua família. Em segundo lugar, por não respeitar as regras, é natural pensarmos que em casa ela faça o que bem entende. Por fim, ao chegar na escola sem o material escolar e sem ter feito as tarefas de casa, é lógico pensarmos que em casa ninguém a acompanhe. Não se esqueçam, porém, que por detrás de uma criança com TDAH pode existir uma situação familiar mais ou menos problemática que, aliás, pode ser similar à de outras crianças que passam por dificuldades na escola.

O transtorno TDAH

O TDAH é um transtorno de neurodesenvolvimento, de natureza congênita e de causa multifatorial (genética, neurobioquímica, anatômica, ambiental), que tem início por volta dos doze anos de idade e afeta mais os meninos do que as meninas (por esse motivo, no livro, por convenção, falamos do aluno com TDAH, no masculino, e não da aluna, embora na maioria das vezes falemos genericamente de criança ou crianças).

A incidência desse transtorno é de três a quatro casos para cada cem indivíduos.

O nível cognitivo, tal como o da população em geral, é variável, mas os meninos com TDAH são mais suscetíveis de apresentar transtornos de aprendizagem, transtornos de comportamento (Transtorno Opositivo-Provocativo – TOP), transtornos de humor e ansiedade, ou seja, mais suscetíveis de apresentar as denominadas "comorbidades", que tornam o quadro clínico mais severo.

O TDAH tem características específicas reconhecíveis que podem ser mais ou menos acentuadas dentro do transtorno. Estas são[2]:

- HIPERATIVIDADE: crianças hiperativas estão sempre em movimento; têm dificuldades de ficar em silêncio e quietas; são muito dinâmicas; precisam sentir-se ocupadas com atividades (sobretudo físicas) desafiadoras, novas, divertidas, empolgantes.

↳ A hiperatividade determina problemas de comportamento. O problema não é tanto a vivacidade em si, mas a vivacidade geralmente excessiva que as tornam incontroláveis.

- IMPULSIVIDADE: crianças impulsivas são impetuosas, vulcânicas, impacientes, aventureiras, amantes do risco, exageradas no agir e no reagir, às vezes inclusive prepotentes.

↳ A impulsividade determina problemas de interação social.

- DESATENÇÃO: crianças desatentas se sentem um pouco perdidas em seus pensamentos, são distraídas, desorganizadas, desordenadas e inconclusivas.

↳ A desatenção determina problemas de rendimento escolar.

A característica comum é a intolerância ao tédio. Normalmente a criança com TDAH se cansa quando lhe é proposta uma atividade e, dessa forma,

---

2 Hiperatividade e impulsividade são consideradas um único critério para o diagnóstico, mas podem ser utilmente separadas na perspectiva deste livro para melhor identificar os comportamentos-problema.

- não sabe o que fazer;
- não consegue fazer;
- não lhe agrada;
- não encontra sentido;
- não sabe quanto tempo vai durar;
- não sabe porque deve fazer tal coisa.

Compete aos professores, em sala de aula, guiá-las com autoridade e ternura no mundo da escola, da aprendizagem e da convivência com os companheiros.

Estrutura do livro

O livro se subdivide em quinze capítulos reagrupados em três grandes seções: *Hiperatividade*, *Impulsividade* e *Desatenção*. Nelas são abordados os comportamentos-problema típicos de alunos com TDAH.

Por comportamento-problema entende-se um comportamento que cria aos professores uma dificuldade, um problema na forma de lidar com a criança na sala de aula e na escola.

Neste volume são analisados aqueles comportamentos-problema normalmente encontrados em crianças com TDAH em idade escolar entre seis e onze anos:

- Comportamentos-problema: HIPERATIVIDADE

    1. Levanta-se e vagueia pela sala
    2. Deita-se debaixo da carteira
    3. Brinca com o material na carteira
    4. Tagarela e atrapalha a aula
    5. É caótica e barulhenta no jogo

- Comportamentos-problema: IMPULSIVIDADE
  6. Não respeita sua vez
  7. Interrompe e é invasiva
  8. Comete sempre os mesmos erros
  9. Não evita o perigo
  10. Não consegue ser paciente
- Comportamentos-problema: DESATENÇÃO
  11. Não anota as tarefas
  12. Não termina o trabalho
  13. Vive com a cabeça nas nuvens
  14. Tem dificuldade de organizar-se
  15. Perde e esquece os objetos

A razão de qualquer comportamento-problema é inicialmente explicada em algumas frases sintéticas (*Por que faz assim?*), seguidas de indicações simples e claras, destinadas aos docentes, relativas às atitudes a adotar e a evitar (*O que fazer, o que não fazer*).

Em seguida é oferecido um aprofundamento (*Análise do comportamento-problema*), juntamente com alguns instrumentos e estratégias relativos à forma de *intervir* em alguns aspectos cruciais:

- regras de comportamento destinadas à criança;
- estruturação das atividades e do trabalho em sala de aula;
- monitoramento dos comportamentos-problema;
- reforço dos comportamentos corretos;
- pacto educativo com a família.

No final de cada capítulo oferecemos *Os conselhos do especialista* e um breve parágrafo recapitulativo com sugestões práticas a serem imediatamente executadas. O *Apêndice* compõe-se de fichas de trabalho.

As regras

Habitualmente, sobretudo se a criança chega no Ensino Fundamental sem um diagnóstico de TDAH, os professores concedem às crianças um tempo para entender as regras de comportamento e toleram os comportamentos-problema ao longo dos três primeiros meses. Se, passado esse tempo, uma criança ainda não consegue permanecer devidamente sentada, parece evidente que existem dificuldades sobre as quais é oportuno falar o mais rapidamente possível com a família.

As regras de comportamento social a serem seguidas em sala de aula e na escola devem ser devidamente explicadas e, se possível, ilustradas claramente, calmamente e convincentemente a todas as crianças, desde os primeiros dias de aula. E devem ser lembradas regularmente.

Inicialmente é necessário explicar quais são os comportamentos socialmente inoportunos e por quê. Sugere-se, para uma melhor compreensão, dar exemplos concretos perguntando: para você, é apropriado levantar-se durante a aula? Se todos o fizerem ao mesmo tempo, o que aconteceria?

Lembro que, se é importante reduzir os comportamentos socialmente inoportunos, mais importante ainda é bloquear os comportamentos socialmente inaceitáveis, a fim de evitar que estes, ao longo do tempo, se tornem uma espécie de "símbolo" da criança com TDAH. Vale lembrar que a criança hiperativa tem comportamentos problemáticos, mas NÃO é uma criança problemática.

As regras devem ser estabelecidas pelos docentes, em razão de serem os responsáveis pela turma. Devem ser simples, compreensíveis, mas, sobretudo, ter sentido. Devem ser bem definidas e compartilhadas, e não simplesmente impostas. Certifiquem-se de que sejam claras para todos.

No início do ano letivo compartilhem-nas com os pais e peçam que eles também as adotem em casa (para lidar melhor com a criança com TDAH, é necessário o trabalho de equipe com a família). Não esqueçam que existem situações em que esse trabalho de equipe se torna mais difícil por falta de colaboração da família, mas, não obstante tudo, nunca se cansem de insistir na importância da participação dos pais.

Para fazer respeitar as regras e fazer-se respeitar enquanto líder da turma, o professor deve demonstrar autoridade com respeitabilidade. Portanto, professores(as):

○ verifiquem se as regras são simples na compreensão e no seguimento;

○ não sejam, no entanto, nem pedantes nem juízes, mas flexíveis.

Vale lembrar que, sobretudo no primeiro ano de escola, mas seguramente até o terceiro, as crianças adoram o paradoxo e se lembram melhor das coisas se os professores as fazem rir ou sorrir com exemplos simpáticos, ou com alguma piada engraçada.

A estruturação

Para todas as crianças, mas sobretudo para as portadoras de TDAH, as instruções sobre cada tarefa ou ação devem ser sempre exatas, e responder às perguntas: Como faço agora? Onde? Por quanto tempo? Como? Com quem?

Em primeiro lugar é preciso analisar os tempos de atenção. Estes possivelmente variarão entre cinco e vinte minutos, sobretudo nos primeiros três anos de escola. O trabalho em sala de aula, portanto, deve ser organizado tendo em vista o tempo de atenção e mantendo uma alternância "trabalho-pausa-trabalho-pausa-trabalho-pausa".

Também na unidade didática é aconselhável propor uma alternância de trabalho (leio, escrevo, escuto, desenho, toco, canto, salto, corro...) e de pausa.

As pausas são fundamentais para as crianças com TDAH exatamente pelo reduzido tempo de atenção que as caracterizam. Essas pausas devem ser previstas *a priori*: é desaconselhável conceder uma pausa à criança só porque parece estar cansada, ou só quando extrapola os limites. Nesse caso, corre-se o risco de que ela adote um comportamento incontrolável, justamente para não trabalhar.

É aconselhável também dar uma estrutura a todos os momentos de atividade não estruturada (p. ex., no recreio): quanto mais dilatados os espaços de tempo, tanto maior o risco de as crianças perderem a noção das coisas.

Como organizar as pausas

A pausa após uma unidade de trabalho é um breve *break* no qual a criança pode relaxar-se e até descansar. De acordo com suas características (mais ou menos agitada, mais ou menos birrenta) e sua idade, a duração e a tipologia da pausa podem variar.

Aconselho pausas não superiores a dez minutos, e um tempo como este somente para as que sentem necessidade de movimentar-se um pouco.

Enquanto possível, aconselho a organizar um *cantinho-relax* dentro ou fora da sala (mesmo no lado de fora da porta): por exemplo, colocar uma almofada-travesseiro na qual a criança possa repousar a cabeça por cinco minutos. Pontuar a passagem do tempo com um *timer* ou com uma ampulheta, e não esqueçam do reforço social no final da pausa, quando a criança recomeçar o trabalho.

A unidade de trabalho

As unidades de trabalho sempre devem ser adequadas à habilidade da criança. Jamais proponham tarefas fora de seu alcance.

Quando se trabalha em tópicos novos ou difíceis, é bom avisar que haverá primeiro uma unidade de *training*: o *training* é mais desafiador e merece um reforço maior, que pode ser decidido pelo professor.

Exemplo:

- unidade de *training*: vale duas estrelinhas verdes[3];
- unidade de trabalho: vale uma estrelinha verde;

   unidade de *break*: reforço social (Bravo! Força! Continue assim!).

Pergunta: seria útil interromper a unidade de *training* ou de trabalho para fazer a pausa programada quando a criança está trabalhando bem?

Nestes casos sugere-se, ao soar o *timer* ou ao término da ampulheta, interromper a atividade em curso e dizer às crianças: "Fantástico, estão sendo super-rápidas! Fazemos a pausa ou zeramos o tempo e seguimos em frente? Que tal tentarmos ganhar mais uma estrelinha verde?"

---

3 Para a atribuição das estrelinhas e o reforço, confira os próximos parágrafos.

Lembrem-se de que com crianças com TDAH os métodos coercitivos não funcionam. Aliás, eles desencadeiam raiva e birra, intensificando assim os comportamentos provocativos.

O monitoramento

Observem quantas vezes um comportamento-problema sobre o qual decidiram intervir aparece em sala de aula ou na jornada escolar, usando a Tabela de monitoramento no Apêndice (e nos recursos on-line). Atribuam uma *estrelinha colorida* para cada episódio (como descrito especificamente em cada capítulo), avaliando-o qualitativamente através das cores:

ESTRELINHA PRETA	Péssimo
ESTRELINHA VERMELHA	Ruim
ESTRELINHA AMARELA	Nada mal
ESTRELINHA VERDE	Muito bom
ESTRELINHA AZUL*	Ótimo

*A estrelinha azul é utilizada como estrelinha-trunfo para comportamentos-problema mais sérios, como descrito especificamente nos capítulos.

Uma vez monitorado um comportamento-problema por ao menos uma semana (quanto mais tempo o observarem, mais estarão em condições de falar sobre ele com os pais), comecem a trabalhar com a técnica de reforço, usando estratégias educativas descritas no próximo item, ou outras estratégias personalizadas que lhes pareçam eficazes.

↘ Lembrem-se: tudo aquilo que fizerem e que funciona para lidar com o comportamento-problema sempre é bem-vindo (menos, obviamente, tratar mal a criança!). Se o mesmo comportamento também se apresenta em casa, eis o momento de ativar o trabalho de equipe com a família.

Após terem observado por três vezes o mesmo comportamento-problema (p. ex., "deita-se debaixo da carteira"), na quarta vez chamem a criança à parte e tentem conversar com ela.

Por exemplo, digam-lhe com gentileza: "Eu notei que de vez em quando você se deita no chão durante a aula. Talvez esteja cansada ou chateada! Sabia que em sala de aula as crianças devem ficar sentadas na própria carteira? Para você é cansativo demais?"

Anotem a que horas ela se deita debaixo da carteira, por quanto tempo, com quais professores e em que matéria: a análise estruturada e detalhada do problema lhes ajudará a compreender melhor o que induz a criança à crise.

Lembrem-se, enfim: quanto antes conseguirem individuar os "*trigger*", isto é, os fatores que desencadeiam o comportamento-problema, tanto antes conseguirão preveni-los, visto que estarão em condições de prevê-los.

O reforço

Tenham o cuidado de não reforçar comportamentos negativos.

Primeiro conselho: quanto mais reagirem inapropriadamente, emotivamente, impulsivamente diante de um comportamento-problema, mais correrão o risco de reforçar "negativamente" o mesmo comportamento, justamente pela excessiva importância dada.

19

- Nunca repreendam: as repreensões são inúteis; aliás, pioram a relação com a criança, bem como sua possibilidade de terem credibilidade enquanto educadores.
- Nunca apliquem castigos: as punições são sempre vividas pela criança como injustiças. Ao invés de punições, usem os prêmios ou, se necessitarem de uma "dose mais forte", usem as *perdas de privilégios*.

Segue, abaixo, um extrato da Circular Ministerial do MIUR – Ministério da Educação italiano – ponto 12, em que sugere:

> Evitar punições tipo: aumento das tarefas de casa, redução dos tempos de recreação e jogos, eliminação de atividade motora, negação de ocupar incumbências coletivas na escola, exclusão da participação dos passeios[4].

Se a criança apresenta um comportamento-problema inaceitável, usem o *timeout*: façam-na parar para refletir por pelo menos 5-10 minutos, em silêncio. Esgotado o tempo (medido com *timer* ou ampulheta) não se mostrem zangados, e só voltem a falar com ela sobre o ocorrido de cabeça fria. Para ajudar a criança com TDAH a autocontrolar-se é mais útil o reforço *positivo*.

A criança com TDAH "funciona" segundo o princípio do *ut des*, ou seja, "faço aquilo que me pede (e que não me interessa, não gosto, é chato ou difícil) só se valer a pena, só se recebo algo em troca, se venço ou se obtenho alguma coisa". Lembrem-se de que ela adora vencer; e não somente uma partida, mas um prêmio também.

Preparem, portanto, prêmios: devem ser bem variados; não devem ser materiais, mas sociais, como, por exemplo, por ter aju-

---

[4] Indicações e medidas didáticas para os alunos com TDAH (CM n. 6.013, de 4 de dezembro de 2009 – CN n. 4.089, de 15 de junho de 2010).

dado o professor, por ter frequentado direitinho a sala de computação, por ter escolhido o trabalho de equipe na hora da educação física etc.

Os prêmios são obtidos (tal como no supermercado!) juntando/colorindo as estrelinhas de verde (a exemplo da página de Compilação de Prêmios no Apêndice, no final deste livro) quando a criança se comporta bem. Esses prêmios podem ser concedidos no final da aula, do dia ou da semana escolar, com base na frequência e na severidade do comportamento. Elaborem um catálogo de prêmios com o correspondente valor em estrelinhas verdes.

O pacto educativo

O trabalho em equipe com a família da criança é seu instrumento mais poderoso. Para trabalhar bem com os pais, faz-se necessário demonstrar respeitabilidade e sagacidade: estudem bem o transtorno, busquem compreender a criança que está sob seus cuidados e trabalhem com método, de modo coerente e contínuo.

Preencham a Tabela de Observação dos quinze comportamentos-problema (no Apêndice) uma vez por semana, ao longo de um mês, usando sempre as estrelinhas coloridas.

Se perceberem que a criança tem muitas estrelinhas vermelhas e pretas, convoquem os pais, expliquem a situação e solicitem sua colaboração.

Tentem compreender se cotidianamente os pais também percebem o comportamento-problema do(a) filho(a), se existem frequentemente desentendimentos em casa por causa desse problema, se existem conflitos entre irmãos (preencham juntos a Ficha Informativa no Apêndice, se ela não tiver sido preenchida

21

no início do ano letivo). Verifiquem se os pais estão dispostos a colaborar e expliquem as regras adotadas em sala de aula, mostrando como funciona a Tabela de Monitoramento. É importante que os pais somem com os professores; assim a criança passa a encontrar em casa os mesmos reforços e os mesmos auxílios.

Coloquem-se de acordo para passar à criança a mesma mensagem educativa. Para a criança transformar-se no "super-herói" que pretende ser, é necessário desenvolver e treinar as virtudes cardeais: temperança, prudência, justiça e fortaleza, explicando-as com exemplos práticos.

Agendem, portanto, uma conversa mensal com os pais, mas aconselhamos compartilhar com eles a Tabela de Monitoramento uma vez por semana.

Continuem trabalhando juntos sobre um comportamento-problema até que as estrelinhas vermelhas e pretas não reapareçam mais por pelo menos quatro semanas consecutivas.

Não atribuam notas disciplinares porque elas não servem para nada: a criança fará o possível e o impossível para escondê-las. Usem-nas somente para os comportamentos socialmente inaceitáveis, com uma convocação imediata dos pais.

O melhor conselho é manter sempre aberto o canal comunicativo com a família através do pacto educativo precedentemente estabelecido.

Não sejam juízes com os pais, mas busquem diálogo e colaboração. Com frequência vocês estarão diante de pessoas extenuadas pelo comportamento do(a) filho(a).

Relato aqui o testemunho significativo de uma mãe:

Tudo começa com aquela fofura de criança, que corre, pula, sobe em tudo, jamais sossega: "quanto mais se movimenta, mais se recarrega", dirá prazerosamente aos seus amiguinhos que não medem esforços para acompanhá-la.

Os anos passam e você se dá conta de que aquela hiperatividade se intensifica, não dá trégua, cansa e enerva... e inicia então a escola infantil, com todos os seus problemas, um a cada dia, cada vez mais pesados, até deparar-se com o constrangimento. E então bate aquela vontade louca de sumir do mapa, de esconder-se dessa humilhação que de dedo em riste parece acusar-lhe por qualquer mudança climática, da garoa ao tornado. E então decide: "essa história é insustentável, preciso mudar, juntar os trapos, levantar acampamento".

Parte então para uma nova escola, uma nova aventura. Mas em parte os problemas reaparecem, e nesta os pais parecem mais ferozes do que os da outra escola, com atitudes frias e olhares que matam. Mas, em meio a todo esse pesadelo, você imagina: "quem sabe os dias mudam, o tempo cure, acalme..."

Junto a esse ar de esperança vem então à ideia a possibilidade de que o próprio filho esteja mudando, crescendo, pelo menos em termos de juízo. Pior que não é bem assim! Dia após dia os problemas reaparecem, e junto com eles as dúvidas em casa, e você se pergunta enfim: "onde, como e quando errei, em que errei, por que não consegui educar a criança, o que existe de errado em mim e nela?" Recorre então ao Google, começa a procurar por temas como "crianças vivazes, inteligentes, hiperativas, informações educativas", e chega então ao TDAH: Transtorno de Déficit de Atenção com Hiperatividade...

Meu desapontamento é que essas crianças vivem à sombra de uma sociedade que não está preparada para acolhê-las; é necessário mais informações; mais formação; mais pais que decidam assumir a vida e as circunstâncias dessas crianças; é preciso uma associação que as acolha em todos os lugares; além de mais empatia...

Os conselhos do especialista

As crianças com TDAH podem ser muito desafiadoras, mas com frequência (acreditem!) são crianças que, quando se sentem compreendidas, sabem dar tudo de si e ser muito recompensadoras também do ponto de vista didático.

São crianças "antenadas": percebem muitas coisas e também são particularmente sensíveis.

É verdade que o termo "muito" as caracterizam: muito vivazes, muito impulsivas, muito barulhentas, muito desatentas, muito desorganizadas; mas também muito sociáveis, muito simpáticas, muito alegres, muito otimistas, muito entusiastas.

Não tentem anulá-las. Busquem compreendê-las, mas sem justificá-las. Só assim poderão ajudá-las a crescer melhor.

Apêndice

No *Apêndice* do livro existem algumas fichas de trabalho úteis para o professor:

- *Ficha informativa* do aluno;
- *Tabela de observação* dos quinze comportamentos-problema;
- *Tabela de monitoramento* para quatro semanas;
- *O acordo/contrato* com o aluno;
- *A compilação de prêmios* com as devidas estrelinhas.

Essas fichas podem ser baixadas e impressas também das fontes on-line (cf. código de acesso, no *Apêndice*, no item *Fichas de trabalho*).

Ficha informativa

Este instrumento de trabalho é indispensável para ativar o trabalho de equipe com os pais. Os momentos para elaborar essa ficha são diversos, dependendo se a criança já está diagnosticada e certificada ou não como portadora de TDAH.

Para a criança certificada aconselho convidar, se possível antes do início do ano letivo, pai e mãe para um colóquio informativo a fim de reunir todas as informações do caso, seguindo as perguntas da ficha. Neste caso, a ficha também pode tornar-se parte integrante do fascículo informativo do aluno, sempre respeitando as leis de tratamento de dados previstas pela privacidade, ou pode ser apenas um modelo de referência para orientar o diálogo com os pais.

Expliquem que vocês desejam prevenir ao máximo possível eventuais dificuldades de rendimento ou de comportamento. Daí a necessidade de trabalhar juntos e de conhecer melhor a situação.

Se, ao contrário, a criança não é certificada como portadora de TDAH, convidem os pais para um colóquio informativo após um mês de observação em sala de aula.

Tabela de observação

A Tabela de Observação permite dar início ao trabalho de monitoramento semanal da presença e intensidade dos quinze comportamentos-problema considerados.

Aconselho compilá-la mensalmente, com uma detecção semanal. Esta tabela pode ser usada como instrumento de trabalho do conselho de classe, mas também do próprio professor. Lembro que nem sempre todos os docentes detectam a presença de comportamentos-problema em sala de aula, e que em algumas matérias os comportamentos são mais problemáticos.

A avaliação nesta tabela é apenas de valor *qualitativo*: serve para detectar se o comportamento-problema existe e, se existe, sua intensidade. O sistema de "detecção" sempre é feito com as *estrelinhas coloridas* e responde à pergunta: "Como está indo a criança com este comportamento-problema?"

Concedam/pintem as estrelinhas segundo a legenda abaixo:

- Estrelinha preta: péssimo (comportamento-problema [CP] muito intenso e muito frequente);
- Estrelinha vermelha: ruim (CP intenso e frequente);
- Estrelinha amarela: nada mal (CP presente, mas não intenso);
- Estrelinha verde: (CP ausente);

Tabela de monitoramento

Este é o instrumento de trabalho mais importante. Ele permite avaliar ao longo de quatro semanas a eficácia das intervenções educativas e didáticas e, sucessivamente, a validade do trabalho de equipe. É possível trabalhar sobre o aperfeiçoamento de, no máximo, três comportamentos-problema por vez. A tabela é preenchida cotidianamente no final da jornada escolar ou de cada hora/aula (ela pode ser repassada ao colega docente seguinte, no final dessa hora/aula).

Devem ser escolhidos os três comportamentos-problema mais intensos e mais frequentes com base na Tabela de Observação precedentemente elaborada (em paridade, escolham os três comportamentos-problema que precisam de maior monitoramento). A função é dupla: monitorar a situação e fazer com que a criança ganhe estrelinhas verdes para conquistar prêmios ou recompensas.

Também é possível atribuir estrelinhas verdes extras, por exemplo, para premiar a criança numa unidade de trabalho ou para reforçá-la por ter sido particularmente boa. Antes de começar a usá-la é preciso que o pacto educativo com os pais e o acordo com a criança já tenham sido estabelecidos (confira o próximo parágrafo).

OBS.: caso o trabalho de equipe com os pais não tenha sido possível (por falta de colaboração, ou pela ausência deles, ou por razões outras), façam o acordo/contrato apenas com a criança.

A avaliação nesta tabela é de tipo *quantitativo* (quantas vezes aparece o comportamento-problema) e *qualitativo* (qual é sua intensidade).

Também nesse caso o sistema de detecção é feito com as estrelinhas e responde à mesma pergunta anteriormente feita: "Como está indo a criança com este comportamento-problema?" As estrelinhas são as mesmas da Tabela de Observação, com o acréscimo da estrelinha azul (cf. p. 20):

- Estrelinha preta: péssimo;
- Estrelinha vermelha: ruim;
- Estrelinha amarela: nada mal;
- Estrelinha verde: muito bom;
- Estrelinha azul: ótimo (estrelinha-trunfo).

A tabela é compartilhada semanalmente com a família. Os pais poderiam usar o mesmo sistema de trabalho (Tabela de Monitoramento + prêmios) para trabalhar contextualmente sobre o mesmo tipo de comportamento-problema apresentado em casa pela criança.

Um comportamento é monitorado até que, por pelo menos quatro semanas seguidas, desapareçam as estrelinhas pretas e vermelhas (tolerem as amarelas, mas não as pretas e vermelhas, antes de se ocuparem com outro comportamento-problema).

O acordo/contrato

A redação do "acordo/contrato" é um momento muito importante tanto para docentes quanto para alunos com TDAH: lembrem-se de que os docentes devem ser carinhosos e respeitáveis, sem jamais abalar a relação.

É legítimo sentir raiva quando a criança se comporta mal, mas lembrem-se de que a criança NÃO é o seu comportamento-problema, mas TEM comportamentos-problema; por isso, pais e professores, em comum acordo, devem ajudá-la.

Digam à criança que vocês perceberam que frequentemente ela não consegue se dominar e se controlar, e que se comporta de modo socialmente inoportuno ou até inaceitável, demonstrando-o com exemplos concretos. Por isso, docentes, digam claramente a essa criança que vocês decidiram ajudá-la inclusive através de prêmios "a serem conquistados" ou, melhor, "a serem vividos" (esta expressão pode ser mais eficaz!). A participação do diretor da escola na elaboração do acordo/contrato poderia dar importância maior a esse instrumento educativo: seria aconselhável que a criança assinasse oficialmente o acordo diante do(a) diretor(a), enquanto "superior" maior, que estabelece o regulamento escolar para toda a escola.

Acrescentem que o acordo/contrato é subscrito pelos docentes (por todos, ou apenas pelo coordenador, e mais uma testemunha), pela criança, e também pelos pais, que participarão regularmente de um colóquio mensal (programado de mês em mês), visando verificar o comportamento ao longo do ano acadêmico.

Compilação dos prêmios

Aqui começa a diversão! Lembrem-se de que as crianças com TDAH adoram vencer e ser premiadas e aplaudidas, ao passo que odeiam perder e ser repreendidas. Na ficha de Compilação de Prêmios se "compilam" (colorindo-os com lápis de cor) somente as estrelinhas verdes.

Mas, atenção, para cada:

- ESTRELINHA PRETA: perde-se uma estrelinha verde (riscando-a);
- ESTRELINHA AZUL: ganha-se duas estrelinhas verdes.

As estrelinhas verdes representam um reforço imediato (são recebidas no final da hora/aula ou da jornada escolar) para obter um prêmio (reforço diferenciado). Para ser eficaz, o prêmio deve ser atribuído o quanto antes possível: por isso o primeiro prêmio é obtido com apenas cinco estrelinhas, e após dois dias a criança já pode recebê-lo.

Os prêmios devem ser atividades sociais, ou seja, prêmios sociais ou tarefas de responsabilidade. Algumas propostas se encontram no *Apêndice*.

OBS.: os pais podem decidir reforçar ulteriormente a criança em casa pelos resultados positivos obtidos na escola.

E agora... boa leitura e bom trabalho!

Hiperatividade

CAPÍTULO 1
LEVANTA-SE e *vagueia pela sala*

POR QUE FAZ ASSIM?

Pelo fato de que a criança com TDAH tem dificuldade de controlar-se e de conter o impulso de levantar-se e movimentar-se.

Porque tem necessidade de fazer um milhão de coisas, de estar sempre em atividade, em movimento.

Porque se movimenta quando sente a necessidade e não compreende o sentido de DEVER ficar parada.

O QUE FAZER

✓ Criem um **cantinho-relax**.

✓ Introduzam **pausas** de trabalho cadenciadas.

✓ Se a criança se levanta e NÃO atrapalha, **ignorem-na**.

✓ Atribuam-lhe **pequenas tarefas** para que possa movimentar-se (entregar o material aos companheiros, ir à secretaria etc.).

✓ Permitam-lhe que saia da sala de aula **uma vez a cada hora**.

✓ Sejam **pacientes**.

O QUE NÃO FAZER

✗ NÃO esperem que a criança fique parada.

✗ NÃO façam advertências.

✗ NÃO a proíbam de participar do recreio.

✗ NÃO a repreendam.

✗ NÃO ergam a voz.

✗ NÃO a proíbam de sair uma vez por hora da sala.

Análise do comportamento-problema

Quando a necessidade de se movimentar se torna imperativa, quase incontível, a criança se levanta e começa seu "eterno movimento".

A criança com TDAH tem dificuldade de controlar-se e dominar aquele impulso. Lembrem-se de que não se trata de uma provocação, tampouco falta de educação ou desobediência, mas é uma necessidade física. É uma necessidade que essa criança sente de modo atípico em relação às outras, sem conseguir inibi-la.

Ser hiperativo significa fazer muitas coisas ao mesmo tempo – geralmente em excesso – e estar necessariamente em "hiper" atividade.

Pretender que ela se autocontrole em sala de aula não tem muito sentido, pois nela o autocontrole não é uma capacidade inata: será necessário, portanto, treiná-la com paciência e constância nos ritmos do trabalho em sala de aula. Essas crianças nunca param. Não têm "percepção social", isto é, não compreendem instintivamente como devem comportar-se. O fato de todos estarem sentados não é suficiente para convencê-las a permanecer quietinhas em seu lugar: para elas, estranhas são as pessoas que não se levantam continuamente.

Ficar sentado chateia porque, para elas, é algo sem sentido: "Posso ouvir também em pé, ou com um joelho sobre a carteira; posso ficar espreguiçada sobre a carteira... que mal tem nisso?" Geralmente este comportamento-problema se apresenta no primeiro ano do Ensino Fundamental e, em forma menos acentuada, persiste até o terceiro ano. Em alunos com TDAH severo, ao contrário, o problema pode persistir também nos anos seguintes.

Antes de mais nada, definamos o comportamento-problema. Dizer simplesmente que a criança "não fica sentada" talvez seja genérico demais, pois em sala de aula é possível encontrar estas situações:

- Levanta-se frequentemente;
- Levanta-se e pede permissão para sair;
- Perambula;
- Sai sem permissão.

Como intervir

Apresentem à criança as seguintes

REGRAS

- Posso levantar-me da carteira, mas se me levanto devo fazer silêncio e não atrapalhar.
- Posso sair da sala de aula com a permissão do professor.
- Posso sair uma vez a cada hora.
- Posso sair pela primeira vez após meia-hora do início das aulas.
- Posso ficar fora por apenas cinco minutos.

OBS.: A pausa para ir ao banheiro pode ser concedida uma vez por hora, a não ser que a criança sinta alguma indisposição.

Atenção: estas regras deveriam ser aplicadas por todos os professores; do contrário, perderiam credibilidade aos olhos da criança.

Coloquem em prática o TRABALHO DE EQUIPE!

A estruturação

- Organizem a aula mantendo a alternância "trabalho-pausa--trabalho-pausa-trabalho-pausa": a sessão de trabalho deve durar entre 30 e 60 minutos (pausas incluídas).
- Avisem as crianças sobre a duração e as dificuldades da sessão de trabalho antes de iniciar os trabalhos.

- Usem material sensorial para manter viva a atenção.
- Planejem as pausas de trabalho. É desaconselhável conceder à criança a pausa quando lhes parece estar cansada ou quando se torna incontrolável: com isso, corre-se o risco de que ela "se torne incontrolável" só para não trabalhar. (OBS.: não deve ser ela a solicitar a pausa, mas cabe a vocês a organização da regularidade das pausas e quando ela precisa se levantar.)
- Criem o *cantinho-relax* com almofadas e/ou tapetes macios (cap. 2).
- Meçam o transcorrer do tempo com um *timer* ou uma ampulheta.

O monitoramento

ESTRELINHA PRETA	Caso se levante e vagueie pela sala por mais de cinco vezes ao longo de uma aula
ESTRELINHA VERMELHA	Caso se levante, vagueie pela sala e seja alertada por pelo menos três vezes
ESTRELINHA AMARELA	Caso se levante e tenha dificuldade de sentar-se novamente sem ser alertada
ESTRELINHA VERDE	Caso se levante brevemente e logo se sente sem necessidade de ser alertada

O reforço

Lembrem-se do reforço positivo social no final da pausa, quando a criança recomeça a trabalhar e ao final de cada aula.

Com cinco estrelinhas verdes a criança pode ser a primeira da fila para dirigir-se à cafeteria ou ao pátio, ficar por dez minutos no *cantinho-relax* ou escolher um jogo de movimento para a hora da educação física.

Nada de repreensões, ações disciplinares, punições: elas só intensificam a contrariedade.

O pacto educativo

Quando falarem com os pais sobre o que foi observado e monitorado em sala de aula, provavelmente eles lhes dirão que também em casa a criança tem dificuldade de ficar sentada à mesa ou diante da televisão, que ela nunca fica parada, que nem mesmo no ensino infantil sossegava.

Coloquem-se de acordo sobre a utilidade de trabalhar sobre a autorregulação do impulso motor em situações importantes (à mesa, numa sala de espera, no trem, no ônibus, na sala de aula, no banco da igreja se são praticantes etc.), e proponham também em casa a técnica dos reforços positivos e da compilação de estrelinhas com prêmios que sejam interessantes e motivadores.

Os conselhos do especialista

Mesmo que a agitação motora da criança incomode, fato que em geral não se limita à sala de aula, mas se manifesta também na cafeteria, na recreação etc., tentem não "sair da relação", mas aumentem sua respeitabilidade, sem gritar ou repreender.

- Não obriguem a criança a ficar sentada: ela lhe odiará.
- NUNCA deem motivos para serem odiados.
- Antes de serem amorosos, demonstrem respeitabilidade, nunca autoritarismo.
- Não façam proibições pouco sensatas (como, p. ex., proibi-las de levantar-se): ensinem os comportamentos socialmente adequados bem como os inoportunos e inaceitáveis.
- Os relatórios enviados aos pais de nada servem nesse caso: a criança fará o impossível para escondê-los da família, e assim ela será negativamente reforçada.

CAPÍTULO 2
DEITA-SE
debaixo da carteira

POR QUE FAZ ASSIM?

Em razão de sentir a necessidade de perceber o próprio corpo em contato com o chão; por isso se sente melhor por terra.

Porque se chateia, se cansa de ouvir ou de escrever, ou talvez esteja cansada.

Porque "é mais forte do que ela" e não o faz de propósito: é sua "necessidade especial".

O QUE FAZER

✓ Intervir **com firmeza** e carinhosamente se, além de estar por terra, perturba os companheiros.

✓ Quando se deita no chão, **ignore-a por 5-10 minutos**; em seguida, convide-a a voltar para seu lugar.

✓ Proponham-lhe dirigir-se ao *canto-relax*.

✓ Coloquem um banquinho próximo à carteira.

O QUE NÃO FAZER

✗ NÃO se zanguem: o importante é que ela não atrapalhe.

✗ NÃO interpretem seu comportamento como uma provocação.

✗ NÃO lhe deem demasiada atenção.

✗ NÃO lhe forcem a se levantar.

Análise do comportamento-problema

Observando a cotidianidade das crianças de 2-3 anos, é possível perceber que, independentemente do estilo educativo que recebem, somente algumas gostam de deitar-se no chão (em qualquer lugar, sujo ou limpo).

Em crianças "muito vibrantes", ao contrário, a tendência de deitar-se no chão é instintiva e quase inata, ou talvez prevaleça nelas o desejo de olhar um pouco "o mundo com o nariz apontado para cima", ou simplesmente, de vez em quando, sentem necessidade de uma pausa para descansar ou distrair-se.

Antes dos nove anos as crianças com TDAH se deitam com frequência por terra também em sala de aula, sobretudo no primeiro e no segundo ano letivo.

Com certeza é "socialmente inoportuno" que uma criança se deite por terra em qualquer lugar. Se, mesmo que inadequado, este comportamento é aceitável nos primeiros meses do primeiro ano de escola, no terceiro ano e nos anos seguintes se torna totalmente "inoportuno".

Geralmente concede-se a essas crianças o tempo de amadurecer a competência social "na sala de aula fico sentada" até o final do segundo ano. A autorregulação comportamental "não me deito por terra em sala de aula" é adquirida por volta dos oito anos. Tentem pensar o aprendizado "estou sentada em minha carteira" como o aprendizado do sofá-cama: as crianças têm tempos diferentes de aquisição, mas entre o final do segundo ano, se regularmente alfabetizadas, salvo casos particulares, todas aprendem a "lição".

Mas, o que poderia fazer a criança deitada no chão?

Poderia descansar, rastejar debaixo das carteiras, fazer cócegas nos companheiros, desamarrar os cadarços de seus calçados...

Em síntese: poderia perturbar e, ao dar-se conta de ter conseguido, poderia vir a ser uma provocação.

Muitas crianças com TDAH se deitam por terra não apenas pelo prazer de estar deitadas, mas também porque se chateiam e não conseguem ficar sentadas inoperantes!

Como intervir

Ofereçam às crianças as seguintes

REGRAS

- Posso deitar-me no chão quando estou cansada ou chateada, mas NÃO posso atrapalhar os outros (não posso rastejar pela sala, não posso fazer cócegas ou beliscar os companheiros, não posso desamarrar os cadarços de seus calçados, não posso brincar com a mochila ou as pastas dos outros).
- Posso dirigir-me ao *canto-relax* quando sinto necessidade de deitar-me e lá permanecer um pouco para descansar sem perturbar.

A estruturação

- Separem as carteiras e deem à criança um banco extra, de preferência próximo da carteira.
- Criem o *canto-relax*, com a regra de que ela pode usufrui-lo por turnos de no máximo dez minutos (usem as ampulhetas coloridas para medir o tempo).
- Permitam que ela se deite no *canto-relax* ou no chão por no máximo uma vez por aula.

- Pode acontecer que, apenas criado o *canto-relax*, todas as crianças queiram utilizá-lo: aconselha-se a criar turnos, pois, muito em breve, só algumas delas pedirão para usá-lo.
- Se a criança com TDAH é particularmente inquieta, pode permanecer por mais tempo no *canto-relax*.

O monitoramento

Estrelinha preta	Se se deita debaixo das carteiras e brinca ou faz desaforos aos companheiros
Estrelinha vermelha	Se se deita no chão e começa a rastejar como um "fuzileiro"
Estrelinha amarela	Se se esconde debaixo da própria carteira
Estrelinha verde	Se a criança está tranquila sentada em sua carteira durante toda a aula

O reforço

Respeitabilidade e carinho sempre são seus melhores aliados: lembrem às crianças as regras antes do início de cada aula, e deixem claro quanto "vale" o correto comportamento em termos de prêmios. "Se conseguir NÃO se deitar no chão até o fim a aula, receberá..."

Lembrem, porém, que o comportamento-problema é inato e impulsivo (a criança tem necessidade de deitar-se) e, para que esse comportamento possa ser mudado, a criança precisa de reforços imediatos; os reforços adiados perdem força.

O pacto educativo

Obviamente será indispensável compreender se "deitar-se no chão" é um comportamento da criança repetido em outros contextos de vida e, se sim, desde quando.

É aconselhável, portanto, combinar com os pais um pacto educativo com o objetivo de ajudar a criança a "administrar" sua necessidade de repouso, de relaxamento, de distração. Para tanto, pode ser útil também que em casa ela possa ter "seu canto especial", onde possa relaxar-se.

OBS: é importante compreender com a família se a criança se deita também na rua: isso pode ser averiguado nas saídas da escola, nos passeios, para prevenir, assim, o risco.

Não esqueçam que a criança de 6-8 anos não é ainda capaz de dar um nome às suas "necessidades especiais"!

Os conselhos do especialista

○ Não olhem o "deitar-se por terra" da criança como uma provocação, mas fiquem atentos: poderia sê-la a partir do momento em que a criança percebe que para vocês isso representa um desconforto.

○ Não se desesperem: nenhuma criança se deita por terra para além dos 8-9 anos de idade.

○ Não dar notas no diário ou no caderno sobre esse tipo de comportamento.

○ Não deem à criança muita atenção quando se deita; esperem 5-10 minutos e, em seguida, ofereçam-lhe a mão para fazê-la reerguer-se (técnica da extinção: "estou ignorando sua provocação!").

CAPÍTULO 3
BRINCA com o material na carteira

POR QUE FAZ ASSIM?

Porque se chateia e se distrai facilmente.

Porque tem tanto material à disposição sobre a carteira que consegue ficar mais atenta mexendo em alguma coisa.

Porque tem dificuldade de ficar "inativa" e parece agir sob a pressão de um motorzinho interno que se aciona sob qualquer dissabor.

O QUE FAZER

✓ **Verifiquem** para que em cada atividade haja à disposição apenas o material necessário.

✓ Ensinem-nas a **fechar a pasta** ao terminar a tarefa.

✓ Ao término das atividades, façam juntos a **checagem** do material usado.

✓ Fiquem atentos para que a carteira esteja sempre **em ordem** (que haja no mínimo uma "desordem organizada") e **limpa**, em cima e embaixo.

O QUE NÃO FAZER

✗ NÃO repreendam a criança se ela fica brincando em silêncio.

✗ NÃO deem notas se perde o material ou o danifica.

✗ NÃO tolerem a carteira caótica.

✗ NÃO exijam uma ordem "absoluta".

Análise do comportamento-problema

A criança com TDAH não consegue inibir o impulso de realizar uma ação mesmo quando esta é inoportuna. Portanto, enquanto está sentada na carteira "apenas" ouvindo, com frequência ela cede ao impulso de mexer em alguma coisa.

Sua carteira geralmente é inconfundível: definitivamente desordenada, excessivamente cheia de objetos amontoados, e às vezes absolutamente caótica. Isto vale também para a mochila: é bem provável que dentro dela existam folhas amarrotadas, misturadas com joguinhos e migalhas de pão, e estas, por sua vez, podem estar umedecidas em razão da garrafinha d'água estar mal fechada e fora do lugar...

Em geral a criança com TDAH se mexe continuamente enquanto está sentada: lhe caem os objetos, os recolhe, lhe recaem, desenha, rabisca, puxa para fora da mochila lapiseira, régua e canetas, aponta lápis, retalha, cola etc. Em suma: está sempre "atarefada" em sua carteira.

Sua relação com o material escolar é frequentemente problemática: não tem o devido cuidado, com frequência o extravia, o danifica ou o esquece. Quanto mais material ela deve administrar, mais caóticas ficam tanto sua carteira quanto sua mochila.

De qualquer modo, pretender que crianças de seis anos saibam administrar suas coisas com "facilidade" é uma expectativa irrealista tanto por parte dos docentes quanto dos pais.

Como intervir

Ofereçam às crianças as seguintes

REGRAS

- Para cada atividade, só deixo sobre minha carteira o material que me serve.
- Devo manter o material em ordem sobre a carteira.
- Devo estar atento(a) para não perder o material.
- Devo manter a carteira limpa.
- Devo manter a mochila em ordem.

A estruturação

- Ensinem a todas as crianças desde o primeiro dia de aula que, para o "trabalho de aprender coisas novas", o material é precioso e deve ser tratado com cuidado.
- Expliquem que os lápis, os lápis de cor, as canetas e os marcadores são como as furadeiras, os parafusos e os chumbadores para um mecânico, ou como o óleo, o sal, as panelas e os utensílios de cozinha para um cozinheiro: elementos fundamentais para trabalhar.
- No início de cada lição, ajudem a criança com TDAH a preparar sobre a carteira o material para a atividade que em breve será desenvolvida e a deixar debaixo da carteira tudo o que for supérfluo.
- No final de cada lição, peçam para que a criança confira se está com todo o material usado, de fazer-se restituir o emprestado, de recolher aquele que caiu no chão.
- Organizem de maneira funcional o espaço onde o material deve ser recolocado (usando recipientes de diversos tamanhos ou cores, etiquetas etc.) e verifiquem constantemente que esteja em ordem.

○ Confiram também o que existe debaixo da carteira da criança com TDAH.

○ Se ela ainda não aprendeu, ensinem-na como organizar de forma correta a mochila ou a pasta.

O monitoramento

Uso do material:

ESTRELINHA PRETA	Se danifica o material próprio ou o de outra criança
ESTRELINHA VERMELHA	Se perde o material
ESTRELINHA AMARELA	Se esquece o material
ESTRELINHA VERDE	Se organiza corretamente o material

Ordem na carteira:

ESTRELINHA PRETA	Se a carteira está suja e muito caótica
ESTRELINHA VERMELHA	Se a carteira está caótica
ESTRELINHA AMARELA	Se brinca com o material que está debaixo da carteira e o desorganiza
ESTRELINHA VERDE	Se a carteira está suficientemente ordenada em cima e embaixo

O reforço

Os reforços para o correto comportamento na carteira vão sendo alargados frequentemente. Quando as crianças tiverem superado a fase da "carteira caótica e suja", lembrem-se de elogiá-las cada vez que estiverem com a carteira em ordem. Se fazem bom uso dos próprios pertences e os dos outros, é importante elogiá-las, deixando de lado outras eventuais negligências.

Não se poupem em dispensar gentilezas, sorrisos e *feedback* positivos (ótimo, muito bem-feito, continue assim...) quando as crianças fazem um bom trabalho.

O pacto educativo

Perguntem aos pais como as crianças vivem em casa a gestão do material escolar: não se surpreendam se encontrarem mães "à beira de uma crise de nervos" em função da enésima borracha ou cola perdida, das pontas dos lápis quebradas, das canetas vazias...

Ajudem-nas a simplificar a gestão do material em casa na execução das tarefas, sugerindo deixar sobre a escrivaninha apenas o necessário. Peçam aos pais que controlem frequentemente a escrivaninha, mas sempre junto com a criança, e sem jamais repreendê-la.

Os conselhos do especialista

Embora seja difícil ensinar a uma criança com TDAH o controle do material escolar, eis alguns conselhos úteis:

- Não repreendam a criança quando está brincando: o importante é que ela brinque em silêncio.
- Não deem nota: é preferível escrever à família que vocês perceberam que a criança tem dificuldade de organizar o material, que tentarão ajudá-la nas próximas quatro semanas, e solicitem colaboração também em casa. Proponham uma avaliação desse comportamento após um mês.
- Não repreendam os pais quando a criança chega na escola sem borracha, cola ou lápis. Acreditem: muitas vezes os próprios pais são "vítimas" de suas crianças caóticas!

CAPÍTULO 4 TAGARELA
e atrapalha a aula

POR QUE FAZ ASSIM?

Porque é uma criança falante e "extremamente social", adora falar e comunicar-se com os outros, não se dá conta de que pode "sobressair-se" e tornar-se exagerada.

Porque quer ser simpática e lhe agrada ser considerada pelo grupo, atraindo a atenção também com argumentos às vezes exagerados ou descontextualizados.

Porque se distrai facilmente e se chateia.

O QUE FAZER

✓ Tenham-na sempre **sob vigilância**.

✓ **Fixem** com frequência seu olhar e com uma piscadela convidem-na a ficar em silêncio.

✓ Usem a repreensão verbal: o **gesto do silêncio**.

✓ Lembrem-na da metáfora que os **pernilongos** são irritantes.

O QUE NÃO FAZER

✗ NÃO pretendam o silêncio absoluto.

✗ NÃO a façam sentar-se próxima de crianças vibrantes.

✗ NÃO a façam sentar-se próxima de crianças muito tranquilas.

✗ NÃO a façam sentar-se na última fila.

Análise do comportamento-problema

As crianças hiperativas, se são serenas, geralmente são otimistas, sociáveis e, portanto, tagarelas.

A hiperatividade é a dificuldade de inibir a compulsão de falar: como não conseguem ficar paradas, também não conseguem ficar caladas.

Muito frequentemente a criança com TDAH faz as vezes do "palhaço" porque adora divertir-se e está feliz quando a atmosfera se "esquenta" e existe agitação geral.

Para ela, o silêncio, de fato, é CHATEAÇÃO, e CHATEAÇÃO é descontentamento (mas também seu pior inimigo!).

→ Acreditem: é mais difícil saber o que fazer com uma criança portadora de TDAH com mau humor do que se ela estivesse tagarelando.

Em geral ela fala velozmente, quase "maquinalmente", em alta voz e temas que para ela são importantes.

Falando rapidamente e querendo ser ouvida ou atrair a atenção do interlocutor, é fácil que perca o controle do tom de voz e chegue quase a berrar (algo que irrita os outros, mesmo que ela nem se dê conta).

Lembrem-se: uma criança falante não é uma criança malcriada; é só uma criança entusiasta que não conseguiu aprender ainda as regras de comportamento social.

Tagarelar é um comportamento socialmente inoportuno em alguns ambientes e situações, mas seguramente não inaceitável.

Como intervir

Deem à criança as seguintes

REGRAS

- Devo ficar em silêncio na sala enquanto se trabalha, enquanto o professor está falando, enquanto lemos ou escrevemos.
- Devo lembrar-me de não fazer como os pernilongos, que "zumbem" continuamente e são irritantes para todos.

A estruturação

- Estabeleçam criteriosamente os lugares para as crianças sentarem-se. Uma criança hiperativa não pode estar vizinha de crianças tagarelas nem de crianças excessivamente tranquilas, porque facilmente pode distraí-las.

- Mudem frequentemente as crianças de lugar; essa decisão deve ser do professor (embora possa haver uma consulta para elaborar uma "lista dos desejos" das crianças e sobre as "condições" para sentar-se ao lado do vizinho desejado).

- Comecem a primeira lição matutina com um ritual de relaxamento: cinco minutos de conversa-livre ou tema previamente escolhido, mas com as crianças sentadas, para em seguida dar início à atividade escolar mais concentradas.

- Definam claramente o tempo de atividade em sala de aula: por exemplo, estabeleçam que por 20-30 minutos se trabalhará e que, em seguida, se fará uma pausa de cinco minutos para intercâmbio de conversas com todos ainda sentados nas devidas carteiras. Meçam o tempo com uma ampulheta.

OBS.: Valem e rendem muito mais 20-30 minutos intensamente trabalhados do que 60 minutos interrompidos por frequentes recomendações de silêncio.

O monitoramento

ESTRELINHA PRETA	Se a criança continua tagarelando não obstante três advertências feitas
ESTRELINHA VERMELHA	Se tagarela e interrompe frequentemente a aula
ESTRELINHA AMARELA	Se perturba o companheiro de carteira
ESTRELINHA VERDE	Se não tagarela durante a aula e não perturba o companheiro ao lado

O reforço

O reforço pode ser também uma pausa-conversação, mas estruturada por tema: "Hoje, se vocês trabalharem direito, em nossa pausa-conversação falaremos sobre..." Podem pedir-lhes que proponham um tema de discussão alternadamente ou uma lista de temas de comum interesse para as pausas-conversação ao longo da semana.

Cabe destacar a importância de ficar em silêncio quando se está aprendendo alguma coisa nova ou concluindo uma atividade, sempre respeitando o tempo de todos.

O pacto educativo

Sobre o controle da hiperatividade os pais pouco podem fazer: obviamente não é possível colocar um zíper na boca da criança para impedi-la de falar. De fato, é antinatural inibir sua socialidade e jovialidade. Seja como for, os pais podem seguramente ser seus preciosos aliados ao lembrarem em casa as regras por vocês fornecidas que, oportunamente adaptadas, podem ser aplicadas também no contexto familiar (p. ex., à mesa).

Os conselhos do especialista

Nunca alimentem a expectativa de que uma criança com TDAH se torne silenciosa: seria pretender o impossível.

Nem alimentem a convicção de que somente em silêncio se possa trabalhar bem: o silêncio para concentrar-se serve para a maioria das pessoas, mas geralmente tem efeito contrário numa criança hiperativa.

Para ela, como mencionado acima, o silêncio é chateação; a chateação é inquietação interior; e a inquietação impede a concentração.

Quando a criança recebe uma estrelinha preta, não usem de castigos, mas recorram ao *"timeout"*. Digam-lhe, pois: "Dirija-se ao *cantinho-relax* e fique em silêncio por dez minutos".

CAPÍTULO 5 É CAÓTICA

e barulhenta no jogo

POR QUE FAZ ASSIM?

Porque é uma criança entusiasta e quer comunicar sua energia e vivacidade a quem está à sua volta.

Porque não gosta do silêncio, ao passo que o caos a eletriza, a faz sentir-se alegre e despreocupada.

Porque se diverte mais fazendo barulho do que ficando parada e em silêncio.

O QUE FAZER

✓ Avisem-na que usarão um **apito para "interrompê-la"** quando exagerar.

✓ **Prevejam** e regulamentem todas as situações potencialmente estimulantes.

✓ Usem o *timeout* quando o barulho se torna excessivo.

✓ Usem o **mote**: "Na escola nos divertimos, mas sem exagerar".

O QUE NÃO FAZER

✗ NÃO percam nunca a calma.

✗ NÃO gritem.

✗ NÃO usem de ameaças.

✗ NÃO proíbam a criança de participar dos recreios.

✗ NÃO a proíbam de frequentar os passeios ou as saídas didáticas.

✗ NÃO proponham atividades didáticas desafiadoras logo após as aulas de ginástica ou dos recreios.

Análise do comportamento-problema

As crianças com TDAH são entusiastas, "vivem a 200km por hora", não sossegam, não param, não ficam caladas, passam rapidamente de uma atividade à outra, se deitam por terra, saltam aqui e acolá... em suma: são barulhentas!

São muito simpáticas, mas obviamente EXAGERADAS!

Na escola, geralmente em atividades menos estruturadas (nos corredores, no recreio, na passagem de uma aula para outra, na ginástica, no passeio ou numa saída didática), são barulhentas e frequentemente desorganizadas.

Quando se encontram em espaços abertos, imediatamente são impelidas a correr, a subir em qualquer obstáculo, a gritar e a saltitar: é típico da hiperatividade.

A atividade motora livre tende a super estimulá-las e, chegadas a esse ponto, é difícil de contê-las.

Quanto mais tiverem permanecido em silêncio e paradas em sala de aula, tanto maior será a necessidade de desafogar-se fisicamente para liberar a energia presa. As crianças com TDAH fazem confusão, adoram divertir-se, rir e curtir a vida. É difícil que nas brincadeiras livres as crianças com TDAH não se sobressaiam: quanto mais divertida a brincadeira, maior a agitação e mais barulhenta a atividade. Se, ao contrário, a brincadeira for competitiva, essas crianças se irritam e vociferam, justamente porque não sabem perder.

Em geral as crianças com TDAH apresentam boas ou ótimas habilidades físicas, embora nem sempre suficientemente bem coordenadas. Elas se destacam pela resistência, pela velocidade e, sobretudo, pela falta de intimidação ou medo.

Em jogo de equipe elas se esforçam muito, mas geralmente de forma desorganizada (p. ex., não respeitam seu papel), colocando assim em risco o sucesso da equipe. Infelizmente essa atitude as coloca em maus lençóis perante seus companheiros de equipe, do treinador ou do professor, que às vezes demonstram irritação com elas. Quando a equipe a que pertencem vence, elas sentem dificuldade de conter a excitação.

Atenção: como estas crianças se estimulam facilmente, naturalmente seu retorno "à normalidade" logo após um jogo ou uma brincadeira qualquer é mais complicado. É importante lembrarem desse aspecto, pois, ao longo dos 10-20 minutos posteriores a uma atividade dinâmica e divertida, elas não conseguem concentrar-se à maneira das demais crianças.

Como intervir

Deem à criança as seguintes

REGRAS

Na passagem de uma atividade para outra:
- Não corro, não saio da carteira, não faço corridas, não persigo um companheiro, não grito, não canto.

Na quadra esportiva:
- Não subo em qualquer obstáculo, não grito e não persigo os companheiros.

No pátio (regras não muito prescritivas):
- Posso correr, brincar, competir, vencer ou perder.
- Não devo me machucar ou machucar meus colegas, nem discutir ou lutar.

A estruturação

Na passagem de uma atividade para outra

○ Velem para que a criança respeite o acordo: "Use estes cinco minutos de liberdade sem exagerar!" (Nunca confiem demais: é melhor vigiar!)

Na quadra esportiva

○ Ensinem-lhe sobre as muitas disciplinas esportivas diferentes (nos limites das possibilidades das instalações e materiais disponíveis), propondo-lhe a corrida ou outras atividades aeróbicas estimulantes.

○ Favoreçam os jogos de equipe com uma sadia competição: ensinem-na também a perder.

No pátio

○ Se a criança consegue observar as regras acima propostas, deixem-na brincar livremente, garantindo apenas uma adequada vigilância.

○ Se perceberem que não observa as regras, será necessário limitar a brincadeira livre e propor uma brincadeira organizada, mas sempre no pátio.

Programação das verificações

○ Tentem não programar as verificações após a recreação ou após a lição de educação motora.

O monitoramento

Estrelinha preta	Se a criança corre e grita e impede toda a turma de continuar na atividade
Estrelinha vermelha	Se é barulhenta, mas após a primeira advertência consegue tranquilizar-se

Estrelinha amarela	Se tende a entusiasmar-se demasiadamente, mas se autocontrola facilmente
Estrelinha verde	Se evita comportamentos exagerados

O reforço

Na ficha de Compilação de Prêmios ela poderia vencer uma atividade particularmente divertida logo após as primeiras cinco estrelinhas verdes.

Para ser eficaz, o reforço deve ser imediato e frequente, pois é realmente difícil para essas crianças autocontrolar o entusiasmo.

O pacto educativo

Para este comportamento-problema não é difícil fazer uma aliança com os pais, que em enésimas ocasiões se veem obrigados a lidar com o excessivo barulho de sua criança (no supermercado, no restaurante, nas festas de aniversário, no parque de diversões, na sala de espera do médico, na praia, na rodoviária, no aeroporto...).

Individuem com os pais um máximo de três situações nas quais este típico comportamento-problema se apresenta e sugiram fazer uso da Compilação de Prêmios.

Para aumentar a motivação, vocês poderiam aconselhar os pais a somarem também as suas estrelinhas (as estrelinhas da escola poderiam valer o dobro: caso a criança vença um prêmio na escola e outro em casa).

Os conselhos do especialista

Estas crianças são realmente especiais: são barulhentas, tagarelas, exageradas, mas também intolerantes aos ruídos que percebem como irritantes, se incomodam quando sentem calor (mas jamais incomodadas quando suadas por terem corrido), impacientes quando não encontram suas coisas ou jogos...

Enfim, geralmente são contraditórias. Mas, um conselho: vivam-nas simplesmente como elas são. Sua tarefa é ajudá-las a crescer, respeitá-las, mas orientá-las, sempre.

Não deixem que elas lhes guiem, pois a velocidade delas poderia desviar-lhes da rota. Deixem, porém, que elas lhes envolvam por seu entusiasmo e por sua extraordinária curiosidade e vivacidade.

Impulsividade

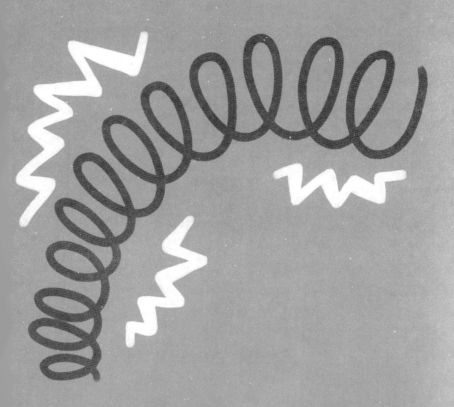

CAPÍTULO 6 NÃO RESPEITA
sua vez

POR QUE FAZ ASSIM?

Porque não tolera aguardar e para ela não tem sentido respeitar sua vez.

Porque não tem freios inibidores e carece de percepção social.

Porque quer destacar-se para conquistar a atenção do professor.

O QUE FAZER

✓ Ensinem-na **gradualmente** a ser paciente e a esperar, com tempos inicialmente breves e, pouco a pouco, cada vez mais longos.

✓ Numa discussão em sala de aula, estabeleçam turnos com números para as intervenções.

✓ Acostume-a a trabalhar **em grupo** junto aos companheiros.

✓ Fiquem constantemente de olho nela.

✓ Criem vocês mesmos os turnos (de conversação, de brincadeiras) para estabelecer quem vai ser a primeira criança da fila nas saídas didáticas etc...

O QUE NÃO FAZER

✗ NÃO repreendam a criança com TDAH.

✗ NÃO a considerem prepotente: ela só precisa de treinamento.

✗ NÃO lhe atribuam notas no diário ou no livro.

✗ NÃO permitam que ela se sobressaia.

✗ NÃO realcem seu comportamento negativo diante dos colegas.

Análise do comportamento-problema

As crianças com TDAH são energia pura. Elas dispõem de "motores poderosos" e odeiam frear. Portanto, as filas, as esperas e os tempos longos geralmente provocam nelas um estado de inquietação interior, a impressão de uma inútil perda de tempo.

Na escola este comportamento-problema se manifesta sobretudo nos momentos de transição, durante o deslocamento de um lugar para outro (p. ex.: nas idas ao ginásio de esporte, à sala de informática ou à cantina), ou quando é necessário ficar em fila, quando se prepara para uma saída didática, quando entra no ônibus, nos jogos em grupo no pátio ou em sala de aula. Nestas ocasiões ou em outras similares, exige-se ordem e disciplina, dois conceitos que, no entanto, não pertencem ao léxico intrínseco dos alunos com TDAH.

As crianças com TDAH mais falantes do que hiperativas manifestam este comportamento-problema na dificuldade de respeitar sua vez nas discussões em sala de aula, ao erguer a mão e ter que esperar sua vez para falar, ou quando devem respeitar a ordem nas conversações: neste caso particular, com frequência monopolizam com seu argumento preferido sem dar-se conta de suas intromissões.

Prestem atenção na competitividade: as crianças mais impulsivas não toleram perder, não aceitam nem a possibilidade disso, e justamente por isso não respeitam seu turno nos jogos em equipe ou nas brincadeiras coletivas.

Como intervir

Para este comportamento-problema criem uma regra para cada situação em que ela seja necessária, ou seja, cada vez que a criança deve respeitar seu turno. Lembrem-se de que essas crianças têm pouca percepção social. Por isso não universalizam as regras de comportamento: se aprendem a respeitar sua vez ao subir as escadas, isto não significa que o turno dos jogos na quadra esportiva será automaticamente respeitado.

Os professores podem seguir estes

CONSELHOS

- Expliquem à criança por que é importante respeitar sua vez, e perguntem como se sentiria se alguém passasse a sua frente.
- Usem de "histórias sociais" para ajudá-la a colocar-se no lugar dos outros.
- Proponham trabalhos em pequenos grupos para treiná-la a colaborar com os companheiros.
- Treinem-na no uso da linguagem correta com os coetâneos: "É a minha vez" "É o meu turno". Quanto maior a conscientização mais fácil será seu autocontrole.
- Ao preverem uma situação estimulante (p. ex., um jogo de equipe), tomem a criança à parte, certifiquem-se de que ela não está demasiadamente eufórica e lembrem-na com calma que existe um turno a ser respeitado.

A estruturação

Também nesse caso a intervenção é adaptada à situação específica.

Colocar-se em fila

Se a situação se torna problemática, estabeleçam quem será o primeiro da fila e formem as duplas. Cabe a vocês mudarem de turno e de duplas diariamente ou semanalmente. Decidam de forma democrática, fazendo com que cada criança, ao seu turno, seja a primeira da fila.

Velem para que todos os professores usem a mesma regra: assim tudo se tornará mais simples.

Falar só depois de erguer a mão

Nomeiem um "secretário" para anotar quem ergue a mão primeiro e para organizar os turnos da conversação. Por exemplo: um colega que já falou deve esperar que outros falem para poder retomar a palavra.

Jogo de equipe

Esta é a situação em que a impulsividade pode criar os problemas principais com os companheiros: monitorem o grupo de perto e sejam árbitros severos, mas justos.

O monitoramento

ESTRELINHA PRETA	Se a criança empurra as outras para passar à frente ou é prepotente fisicamente
ESTRELINHA VERMELHA	Se protesta contra os outros quando não é a primeira da fila
ESTRELINHA AMARELA	Se mostra irritação quando deve esperar
ESTRELINHA VERDE	Se sabe ser paciente nos momentos de espera ou de compartilhamento

O reforço

Felicitem a criança cada vez que ela consegue não perder o controle numa situação excitante. Premiem-na quando sobe as escadas sem correr, sem empurrar, quando passa a bola no jogo, quando não se irrita porque deve esperar um companheiro.

O reforço é importante para ajudá-la a compreender que este comportamento social correto é muito apreciado.

O pacto educativo

Perguntem aos pais se também em família a criança tem dificuldade de respeitar sua vez. Por exemplo: durante os jogos de tabuleiro, na escolha dos programas de TV com os irmãos ou pais, na sorveteria, no parque de diversões quando deve subir no escorregador...

Com frequência essas crianças são consideradas como prepotentes até pelos irmãos. Perguntem se, em razão da excessiva exuberância, as brigas em família são frequentes e difíceis de administrar.

Se os pais aceitam colaborar, identifiquem juntos todas as situações nas quais o comportamento incorreto se apresenta e apoiem a criança (os professores na escola e os pais em casa) com algumas "histórias sociais" específicas, a fim de ajudá-la a tornar-se mais consciente e, portanto, em melhores condições de autocontrolar-se.

Os conselhos do especialista

Concentrem-se em suas próprias emoções; lembrem-se de que é absolutamente legítimo sentir como demasiadamente duras as intemperanças da criança com TDAH; respirem fundo e não se esqueçam de que esta é a sua natureza. O importante é respeitar e fazer-se respeitar!

CAPÍTULO 7 INTERROMPE

e é invasiva

POR QUE FAZ ASSIM?

Porque é entusiasta por natureza e se "esquenta" facilmente nas situações que se apresentam como interessantes e excitantes.

Porque é impetuosa, tem dificuldade de conter-se e lhe é difícil de respeitar os espaços alheios.

Porque é pura ação, sem reflexão.

O QUE FAZER

✓ Usem o gesto do **STOP** para lembrar à criança que não se deve interromper bruscamente quem está falando ou está concentrado.

✓ **Felicitem**-na sempre que consegue não ser impetuosa em uma situação "dinâmica".

✓ Treinem-na através de **dramatizações**.

✓ Ensinem-lhe a colocar-se no lugar dos outros.

✓ Ensinem-lhe a pedir desculpas.

O QUE NÃO FAZER

✘ NÃO percam a paciência.

✘ NÃO desistam: continuem treinando-a.

✘ NÃO tenham medo de pedir ajuda aos colegas.

✘ NÃO aceitem seu comportamento se for exagerado.

✘ NÃO a envergonhem diante dos colegas.

Análise do comportamento-problema

As crianças com TDAH, sobretudo com idade entre 7-9 anos, são pura AÇÃO sem REFLEXÃO, sem freio, sem inibição.

Se a isto acrescentarmos a inata predisposição que elas têm de destacar-se e a pouca capacidade de suportar quem é lento, este comportamento-problema se torna mais compreensível. As crianças impulsivas interrompem sem refletir quando acham que devem fazer ou dizer alguma coisa importante para elas.

Às vezes elas interrompem uma conversação ou uma ação simplesmente porque estão chateadas ou irritadas por alguma coisa, ou são movidas por algum impulso fisiológico (fome, sede, vontade de ir ao banheiro).

Não são malcriadas nem prepotentes (a não ser que existam problemáticas familiares), mas são impulsivas. Obviamente, se o comportamento-problema não for corrigido, o risco é que se tornem realmente malcriadas (ao menos aos olhos de quem não conhece e não compreende o TDAH).

O mau hábito de interromper não aparece apenas na atividade motora, nas brincadeiras em grupo ou nos jogos de tabuleiro, mas também nas conversações, seja entre os pares ou com os adultos. Elas podem interromper o treinador enquanto está explicando as regras de um esporte, o catequista, o professor de música etc.

Consequentemente, essas crianças geralmente têm dificuldade de inserir-se em atividades extracurriculares de grupo, recreativas ou esportivas.

A impaciência e a inquietação que apresentam geralmente são desproporcionais, desrespeitando inclusive espaços pessoais alheios.

Mas elas não interrompem apenas os outros; geralmente se interrompem sozinhas também nos jogos em que estão empenhadas, passando de um jogo ao outro sem concluí-lo.

São caóticas no agir e no pensar. É comum que a criança com TDAH se chateie bem no meio de uma atividade e não a conclua, ou que tenha uma miríade de ideias na cabeça e não se sinta em condições de realizar nenhuma delas.

Como intervir

Deem à criança as seguintes

REGRAS

- Mesmo que eu tenha pressa em falar, não interrompo os outros enquanto estão falando, mas espero que terminem.
- Mesmo que me chateie, não interrompo, mas espero que os outros tenham terminado de fazer o que estão fazendo.
- Mesmo que já tenha terminado minha tarefa, não interrompo quem está ocupado ou concluindo a sua.

A estruturação

Para este comportamento-problema, é difícil encontrar uma solução unívoca, pois as situações em que ele pode manifestar-se são diversas.

Para fazer a criança compreender que é necessário esperar e não interromper, o conselho é combinar gestos de (STOP) (p. ex., erguer a mão), ou usar o apito como sinal de espera nas atividades motoras.

A dramatização

Especialmente para reduzir os comportamentos inoportunos, são muito úteis as dramatizações através das quais as habilidades sociais corretas podem ser treinadas. Trata-se de uma experiência de aprendizado ativa que pode tornar-se parte integrante da vida cotidiana da criança. É um treinamento, e como tal deve ser realizado com constância, dia após dia.

Brinquemos de aprender a não interromper!

O monitoramento

ESTRELINHA PRETA	Se a criança impede a continuidade da aula ou o jogo apesar de três advertências
ESTRELINHA VERMELHA	Se para após a terceira advertência
ESTRELINHA AMARELA	Se para após a segunda advertência
ESTRELINHA VERDE	Se não interrompe

O reforço

Usem com frequência o reforço imediato, para em seguida começar a trabalhar através da compilação das estrelinhas verdes.

O pacto educativo

É importante compreender se pais e irmãos estão insatisfeitos com a impetuosidade da criança com TDAH ou se a toleram.

Situações de "interrupções" frequentes em casa são quando a criança:

- interrompe com frases inoportunas ao assistirem juntos a um filme;
- interrompe à mesa quem está falando;
- interrompe os pais enquanto estão ocupados numa discussão, exigindo alguma coisa que só diz respeito a ela;

- interrompe um jogo de tabuleiro porque não está vencendo;
- briga com os irmãos pela escolha do programa de TV.

Atenção: <u>em casa, por amor, geralmente os pais toleram inclusive o intolerável;</u> é bom ter presente que mesmo nesses casos estão reforçando negativamente o comportamento-problema.

Portanto, só se também para eles este representa um verdadeiro comportamento-problema, se poderá realmente pôr em prática um trabalho de equipe.

Ajudem-nos a ser menos tolerantes, em vista de uma melhor interação social do próprio filho!

Os conselhos do especialista

<u>Nunca levem as coisas para o lado pessoal</u>, mesmo quando estiverem exaustos pela falta de autocontrole do aluno com TDAH.

O cansaço ou o desânimo correm o risco de fazer perder de vista todos os suportes positivos colocados em prática: <u>concedam-se, portanto, pausas;</u> peçam ajuda a um colega.

Evitem discutir com as crianças se estiverem irritados.

Não recuem, não percam a confiança de que a criança possa aprender, mudar, amadurecer e conseguir, passo após passo, seu autocontrole!

CAPÍTULO 8 COMETE SEMPRE
os mesmos erros

POR QUE FAZ ASSIM?

Porque esquece as regras e as consequências de seus comportamentos incorretos.

Porque não reconhece ter errado e nega a evidência de suas dificuldades.

Porque não pensa antes de agir e, portanto, não consegue evitar a repreensão.

O QUE FAZER

✓ Repitam constantemente as **regras**.

✓ Ajudem-na a compreender quando **erra**.

✓ Ajudem-na a compreender a **razão pela qual** erra.

✓ Ajudem-na a pedir **ajuda** ou a aceitar ajuda.

✓ Ajudem-na a reconhecer seus próprios erros.

✓ Ensinem-lhe a dar-se conta de que os erros de distração podem ser evitados.

O QUE NÃO FAZER

✗ NÃO a repreendam quando erra.

✗ NÃO a repreendam porque não melhora.

✗ NÃO se mostrem desiludidos por seu comportamento.

✗ NÃO desistam de corrigir seus erros.

✗ NÃO a envergonhem.

Análise do comportamento-problema

"*Errare humanum est, perseverare diabolicum*" ["Errar é humano, perseverar no erro é diabólico"]: acaso todas as crianças com TDAH seriam diabólicas?

Absolutamente não. Elas "perseveram" no erro, qualquer que seja, em razão da própria impulsividade e da própria distração. Elas agem sem refletir sobre as consequências de suas ações. A impulsividade que as caracteriza é tamanha que não lhes dá o tempo necessário de raciocinar sobre o que poderia acontecer depois.

Este comportamento-problema se manifesta na escola em inúmeras ocasiões. Por exemplo:

- perseveram no barulho excessivo;
- perseveram em quebrar ou perder o material escolar;
- perseveram em levantar-se constantemente da carteira;
- perseveram em não concluir as tarefas;
- perseveram nos mesmos erros de cálculo ou ortografia;
- perseveram em litigar durante os jogos de equipe.

Em resumo: perseveram no desrespeito às regras de comportamento e nos erros de distração.

Mas o problema maior é que quase nunca reconhecem seus erros: elas não mentem, embora neguem a realidade dos fatos. Já que quase nunca admitem ter errado, não conseguem pedir perdão.

Por quê?

Porque as crianças com TDAH não percebem ter dificuldade, e quando são repreendidas não compreendem o motivo. Vivem a repreensão, portanto, como uma injustiça.

Por outro lado, e nós, será que nos sentiríamos "confortáveis" ao sermos repreendidos? Penso que a resposta seja não. Entretanto, quando isso acontece, geralmente reconhecemos nosso erro e buscamos mudar nosso comportamento (ainda que não seja raro evitar a pessoa que tende a nos repreender!).

Evidentemente, tampouco as crianças com TDAH gostam de ser repreendidas, mas, não obstante isto, continuamente são repreendidas. Seriam, quiçá, masoquistas?

Obviamente que não! Elas simplesmente são impulsivas e agem sem pensar: são pura ação sem reflexão, sobretudo quando estão excitadas ou, ao extremo oposto, quando estão chateadas.

As repreensões as fazem sentir-se erradas. Imaginem, pois, o quanto sofrem quando isso acontece, e sobretudo tendo em vista que, para elas, o importante é destacar-se sempre, é vencer sempre.

São crianças extremamente sensíveis, especialmente quando a repreensão vem de um adulto que estimam ou a quem são afeiçoadas. Mas elas se ofendem ainda mais quando se trata de adultos que, segundo elas, "não as compreendem".

Atenção: as crianças com TDAH fazem erros frequentes e em geral recorrentes inclusive nas atividades didáticas, nos exercícios e nas correções dos trabalhos. São erros majoritariamente ligados à desatenção, mas também à pressa de terminar logo uma tarefa pouco apreciada ou difícil.

Como intervir

Deem à criança as seguintes

REGRAS

- Conto até dez antes de fazer ou dizer alguma coisa; assim posso compreender se é uma coisa que devo fazer ou não.
- Em casa, todas as noites, releio o "Caderno de regras" (cf. próximo item).

A estruturação

Este comportamento-problema espelha a geral dificuldade de autorregulação e de autocontrole da criança com TDAH. Seria muito útil construir com ela um "Caderno de regras", escrevendo uma regra *ad hoc* [específica] toda vez que se percebe um erro recorrente, seja no comportamento social seja na atividade didática. O conselho é, pois, repassar as regras junto com a criança, com regularidade, e sugerir-lhe que as releia em casa.

O monitoramento

Aos professores, aconselha-se iniciar o monitoramento sobre o item "persevera no erro" somente quando chegarem a um bom ritmo do trabalho junto à criança e aos seus pais. Como já sublinhamos anteriormente, nunca é bom trabalhar sobre mais de três comportamentos-problema contemporaneamente.

Portanto:

ESTRELINHA PRETA	Uma ulterior estrelinha preta se no mesmo dia a criança já recebeu duas estrelinhas pretas
ESTRELINHA VERMELHA	Uma ulterior estrelinha vermelha se no mesmo dia já recebeu duas estrelinhas vermelhas
ESTRELINHA AMARELA	Uma ulterior estrelinha amarela se no mesmo dia já recebeu duas estrelinhas amarelas
ESTRELINHA VERDE	Se no mesmo dia não recebeu estrelinhas pretas, vermelhas ou amarelas

O reforço

Pode ser introduzida a ESTRELINHA AZUL, a ser atribuída à criança quando ela recebe num mesmo dia duas estrelinhas verdes.

OBS.: uma estrelinha azul é uma estrelinha *premium* que vale o dobro, isto é, acrescenta mais duas estrelinhas verdes na ficha da Compilação de Prêmios da criança.

O pacto educativo

Como já foi mencionado, abordem este comportamento-problema com a família perto do fim de seu *"training"* com a criança com TDAH. Combinem com os pais o sistema de estrelinhas e convidem-nos a não insistir nas repreensões.

Seu trabalho de equipe será muito mais eficaz quando a criança tiver compreendido sua tendência a cometer os mesmos erros e aprenderá gradualmente a "refletir antes de agir".

Os conselhos do especialista

Lembrem-se de jamais ressaltar os erros da criança diante dos outros.

Não se mostrem desiludidos pelo fato de ela ter errado outra vez.

Não considerem a persistência no erro como um fracasso educativo de pais ou professores, nem como um ato de provocação da criança.

Muito frequentemente, a criança não compreende que erra só por ser distraída: não interpretem seus erros como preguiça, intolerância ou desmotivação, mas ajudem-na a compreender a razão pela qual continua errando.

CAPÍTULO 9 — NÃO EVITA

o perigo

POR QUE FAZ ASSIM?

Porque é audaciosa e ousada.

Porque geralmente "vive em seu mundo de heroína" e quer imitar seu herói preferido.

Porque o perigo é excitante e muitas vezes essa criança tem de fato sucesso em ações perigosas.

Porque é descuidada e superficial em avaliar as situações de risco.

O QUE FAZER

✓ **Analisem** as situações potencialmente perigosas.

✓ Usem as **interdições**.

✓ Sejam **autoritativos**.

✓ Mantenham a **calma**.

✓ Façam o mais rapidamente possível **aliança** com os pais.

✓ Usem o *timeout* quando a criança exagera.

O QUE NÃO FAZER

✗ NÃO confiem na audácia da criança.

✗ NÃO se mostrem assustados.

✗ NÃO gritem ao vê-la em perigo.

✗ NÃO percam a calma.

✗ NÃO a impeçam de movimentar-se.

✗ NÃO elogiem sua ousadia.

Análise do comportamento-problema

A vida das crianças com TDAH é um desafio contínuo, um "*action movie*" [filme de ação] cheio de adrenalina. Lembram a canção do festival italiano Zecchino d'Oro, *Tarzan lo fa* [*Tarzan faz isso*].

Às vezes vem à mente a questão relativa à confusão que ronda suas cabeças com todos os estímulos que absorvem "como esponjas". Parecem viver num mundo de fantasia rico de aventuras.

Essas crianças muitas vezes não avaliam o perigo de seu comportamento porque são demasiadamente velozes, "superfocadas" naquilo que querem fazer ou alcançar, demasiadamente concentradas em divertir-se.

Às vezes se colocam em risco porque estão "com a cabeça nas nuvens", descuidadas, desatentas e superficiais. Para elas, que estão em "perpétua" distração, as ocasiões de perigo são múltiplas; menos em sala de aula, no entanto, do que no pátio da escola ou no ginásio de esportes.

Geralmente elas se machucam correndo (ao chocar-se com outras crianças), saltando de um pequeno muro, escalando, escorregando pelas escadarias, atravessando a estrada sem olhar, provocando as crianças maiores...

Atenção: normalmente elas não evitam situações potencialmente perigosas pelo fato de confiar em si mesmas e do convencimento de que "sempre podem levar a melhor" (p. ex., ao pular de uma escada, ao fugir para longe, ao tentar superar um desafio, ao tentar enganar um professor).

Além disso, elas se machucam durante uma ação temerária, tendem a não se lamentar da dor, por fazer parte do risco.

Geralmente fazem pequenas "maldades", mesmo que às vezes possam gerar consequências não irrelevantes. Não sabem distinguir entre audácia e inconsciência. Têm uma percepção limitada do perigo e com relutância aceitam a explicação relativa aos riscos potenciais.

Com frequência carregam "cicatrizes de guerra" (hematomas e escoriações), geralmente exibidos como troféus.

<u>Lembrem-se de que</u> nunca toleram a chateação: para elas a prudência é chatice e as pessoas prudentes são monótonas e pouco corajosas.

Como intervir

Deem à criança as seguintes

REGRAS

- Não devo subir nas muretas.
- Não devo ficar em pé sobre bancos ou carteiras.
- Não devo correr nos corredores ou escadas.
- Não devo correr atrás dos companheiros dentro da escola.
- Não devo sair de dentro dos limites da escola.

Para este comportamento-problema, que pode prejudicar a segurança física, devem ser dadas interdições bem claras. Usem de toda a sua respeitabilidade!

A estruturação

Analisem bem os espaços nos quais as crianças passam o tempo na escola e avaliem atentamente quais são os <u>potenciais perigos</u>: sejam mais espertos do que seus alunos, mas sem que eles percebam.

Nos passeios e nas saídas didáticas, sejam assertivos e inflexíveis ao exigir respeito às regras.

Confiar é bom, mas não confiar é muito melhor, especialmente se as crianças demonstram agitação excessiva.

O monitoramento

Lembrem-se: se são muitas as situações em que a criança com TDAH se põe em perigo, seu monitoramento deve ser situação por situação, e não em seu comportamento em geral.

Por exemplo: fiquem de olho quando a criança pula nas escadas, corre no corredor e em todas aquelas situações perigosas em que sua intervenção se faz necessária.

Estrelinha preta	Se se machuca ou destrói alguma coisa
Estrelinha vermelha	Se após três repreensões deixou de fazer coisas perigosas
Estrelinha amarela	Se após uma repreensão deixou de fazer coisas perigosas
Estrelinha verde	Se nunca se pôs em perigo ao logo de toda a jornada escolar

O reforço

Este é um comportamento-problema a ser administrado com um reforço imediato: cada vez que, nas pausas ou nas atividades não estruturadas fora da sala de aula, a criança consegue conquistar uma estrelinha verde, imediatamente deve ser-lhe atribuída uma estrelinha verde; ou seja, ela pode receber mais do que uma estrelinha verde ao longo da jornada escolar.

O pacto educativo

Para este comportamento-problema peçam imediatamente a colaboração dos pais. Peçam-lhes que contem histórias úteis para entender o que a criança já fez e os perigos que ela poderia "inventar-se".

Perguntem quais desenhos animados ela assiste, e se brinca com frequência com videogames: em caso afirmativo, perguntem por quanto tempo e se depois elas ficam agitadas ou nervosas.

Peçam aos pais explicação sobre a maneira com que administram a tendência da criança de colocar-se em perigo e certifiquem-nos de que a aliança entre pais e professores é fundamental: se a criança se machucasse na escola, as consequências seriam muito diferentes se o mesmo fato tivesse acontecido em casa.

De fato, o impacto de um evento desse tipo sobre a turma na escola, sobre os professores e sobre os outros pais absolutamente não deve ser subestimado.

Os conselhos do especialista

Não se assustem mais do que o necessário: crianças agitadas se machucam com frequência; é o risco "de trabalho de super-heróis e super-heroínas".

Tentem compreender se são verdadeiramente dotadas de coordenação motora e de equilíbrio, ao menos para assegurar-lhes de que o risco de seus comportamentos audaciosos não seja demasiadamente elevado.

Aconselhem-nas a canalizar a própria bravura e ousadia nas disciplinas esportivas e nas artes marciais.

Se a criança é demasiadamente "serelepe" nas pausas, organizem jogos de movimentos mais estruturados.

CAPÍTULO 10 NÃO CONSEGUE
ser paciente

POR QUE FAZ ASSIM?

Porque ser paciente significa ser lento, e a lentidão é chatice.

Porque a chatice e a inatividade deixam a criança com TDAH inquieta.

Porque ela não tolera perder ou não ser a primeira, sobretudo nos jogos e no esporte.

O QUE FAZER

✓ Treinem-na a **esperar,** aumentando a cada dia o tempo.

✓ Analisem bem **como ela** encara uma tarefa.

✓ Ofereçam-lhe **tarefas breves** e, sobretudo, ao seu alcance.

✓ **Dividam** a entrega das tarefas em mais partes.

✓ Se possível, **estejam perto dela** quando está para terminar uma tarefa.

O QUE NÃO FAZER

✗ NÃO lhe atribuam tarefas em que deva escrever muito.

✗ NÃO lhe atribuam tarefas longas.

✗ NÃO lhe atribuam tarefas muito difíceis.

✗ NÃO esperem que ela fique parada quando deve esperar.

Análise do comportamento-problema

O que é a paciência?

É a disposição à moderação, à tolerância e à resignação. É a faculdade de protelar a própria reação instintiva às contrariedades, mantendo em relação ao estímulo uma atitude neutra.

Tendo presente esta definição é possível compreender a razão pela qual as crianças com TDAH, com suas dificuldades de autorregulação emotiva e comportamental, sejam, por natureza, impacientes.

A paciência é inimiga dessas crianças, pois ser paciente significa ser lento, esperar, refletir.

Essas crianças têm uma percepção do tempo totalmente anômala: poucos minutos de espera são vividos como eternos e, portanto, inquietantes. Elas são precavidas: todas as tarefas que consideram chatas são vividas *a priori* como longas, difíceis, quase insuportáveis.

Também pode acontecer que, se alguma vez vocês tiverem sido pedantes, elas sejam precavidas a seu respeito, e que, imaginando-lhes sempre assim, demonstrem-se impacientes.

Na escola existem situações típicas em que a criança com TDAH manifesta maior impaciência: quando deve terminar uma tarefa longa, quando deve esperar que os companheiros terminem um trabalho antes de poder levantar-se, quando à mesa todos devem terminar a primeira rodada para passar à segunda, e assim por diante.

A criança com TDAH está em competição consigo mesma, sempre tem necessidade de terminar logo, de ser veloz, de fazer coisas...

Demonstra-se ansiosa para chegar logo ao destino durante uma viagem de passeio, ansiosa para terminar o programa de uma aula, para comer a merenda, para ver o fim do filme, para descobrir o fim de um livro...

Sua impaciência é sempre <u>diretamente proporcional</u> à intensidade da lentidão e da chatice que a tarefa assumida representa para ela. Pode acontecer, portanto, que ela se irrite muito, ou que numa explosão de raiva quebre algum objeto de que goste.

Assim como os demais comportamentos-problema ligados à impulsividade, a impaciência também cria acentuadas dificuldades nas relações sociais. Frequentemente a impetuosidade se torna <u>imprecisão</u>, e pode provocar a perda de um jogo de equipe ou criar as premissas para uma punição do grupo. Dificilmente os companheiros toleram mais do que 3-5 episódios desse tipo.

Como intervir

Deem à criança as seguintes

REGRAS

- Conto até dez antes de dizer ou fazer alguma coisa.
- Não tiro sarro das crianças que não são tão velozes quanto eu.
- Não bufo se não posso levantar-me do lugar quando quero.
- Não busco atalhos no jogo ou na partida.

A estruturação

Prevejam as situações de risco: sua tarefa é prevenir os conflitos, as crises, a acentuada contrariedade. Tentem então colocar-se no lugar da criança com TDAH e analisar quando é solicitada a paciência: nesses casos, fiquem próximos da criança, estimulem-na a cada cinco minutos a "resistir" e fortaleçam-na frequentemente.

Evitem a monotonia, a rotina, a repetição dos mesmos jogos. Antecipem-lhe a duração e o nível de dificuldade da tarefa, de modo que saiba administrar melhor o tempo à disposição.

O monitoramento

Estrelinha preta	Se por sua impaciência discute com os companheiros
Estrelinha vermelha	Se por sua impaciência quebra alguma coisa
Estrelinha amarela	Se por sua impaciência precisa ser repreendida
Estrelinha verde	Se consegue ser paciente por toda a jornada

O reforço

Inventem um "super prêmio da impaciência" e lembrem frequentemente as crianças de que a paciência é a virtude dos fortes. Uma analogia com o super-herói poderia motivá-las grandemente.

O pacto educativo

Também em família as situações que exigem paciência à criança são semelhantes: quando deve esperar que os outros tenham terminado de comer, quando deve montar um novo jogo, quando está jogando videogame, quando deve arrumar-se para sair, quando um amigo a espera para brincar...

Além disso, por sua impaciência ela se cansa facilmente das novidades (jogos, livros etc.) e sempre gostaria de ter algo diferente.

É comum ouvir os pais dizerem: "Nunca está satisfeita" "Sempre quer mais".

Os pais devem seguramente monitorar as situações desse tipo e fazer um acordo com vocês professores através do pacto educativo a fim de programar um treinamento da paciência. Guardem sempre em mente o mote: a paciência é a virtude dos fortes.

Os conselhos do especialista

Como sempre, o conselho principal é o de "permanecer na relação", e nunca culpar a criança. Nunca enfatizem que seus insucessos são devidos à impaciência.

A criança com TDAH realmente não gosta de sentir-se "errada" e, sobretudo, não consegue corrigir-se sozinha: não tentem modificá-la à força.

Se perguntem a si mesmos se estão sempre suficientemente motivados, alegres, radiantes, agradáveis.

Tentem por um instante compartilhar os sentimentos tornando-se imaginariamente uma pessoa com TDAH, a fim de compreender como se sentem quando alguma coisa não é realizada imediatamente.

Elogiem muito a criança com TDAH quando ela conseguir ser paciente em situações difíceis para ela.

Anotações

Desatenção

CAPÍTULO 11 NÃO ANOTA
as tarefas

POR QUE FAZ ASSIM?

Porque é distraída enquanto o professor dita as tarefas.

Porque odeia as tarefas: considera-as uma grande fadiga e um incômodo.

Porque, para ela, as tarefas devem ser feitas na escola e não em casa.

Porque as tarefas de casa não têm sentido e lhe roubam um tempo precioso.

O QUE FAZER

✓ Expliquem que as tarefas são um treinamento para tornar-se melhor.

✓ Escrevam as tarefas na lousa.

✓ Verifiquem sempre se a criança anotou as tarefas no caderno.

✓ Usem o sistema bônus de tarefas.

✓ Organizem-se com os demais colegas professores para distribuir de maneira equilibrada as tarefas ao longo da semana.

O QUE NÃO FAZER

✗ NÃO usem as tarefas como punição.

✗ NÃO façam com que a criança as odeie.

✗ NÃO desanimem: as tarefas devem ser anotadas.

Análise do comportamento-problema

As tarefas são geralmente um verdadeiro "pesadelo" para crianças com TDAH, pois as vivem como uma coação.

O primeiro motivo é que elas não compreendem seu sentido: "Se vou à escola pela manhã, por que à tarde devo fazer alguma coisa relacionada à escola? Para que serve? Não é justo desperdiçar o tempo livre com tarefas de casa".

Lembrem-se de que todas as crianças com TDAH têm espírito livre, são criativas, inquietas, vivem como extremamente injusto e "fisicamente" intolerável qualquer tipo de obrigação.

Atenção: os motivos pelos quais a criança com TDAH não anota as tarefas podem ser muito banais. Por exemplo: se distraiu enquanto o professor ditava, não se sentiu bem, teve vergonha de perguntar (saibam que ela é muito orgulhosa), não encontrou o caderno, não sabia em qual página escrever.

Muito frequentemente o momento do ditado das tarefas é pouco estruturado e apressado, sobretudo quando as crianças são um pouco maiores, tendendo-se a imaginar que elas já tenham se tornado suficientemente autônomas.

A primeira estratégia que a criança encontrará para não fazer as tarefas de casa é não anotá-las no caderno. No começo, na verdade, esta não é verdadeiramente uma estratégia, mas apenas uma distração, um ato de desorganização e superficialidade.

Lembrem-se de que ela também poderia estar denunciando alguma crise de contrariedade sempre que ouve falar em "tarefas de casa". Enfim, as tarefas de casa são um verdadeiro pesadelo para a criança, mas também para os próprios pais e docentes.

Como intervir

Deem à criança as seguintes

REGRAS
- Escrevo sempre todas as tarefas no caderno.
- Em casa abro e controlo o caderno na página exata do dia.
- Faço todas as tarefas, uma de cada vez.

A estruturação

A Circular Ministerial já citada diz claramente: é necessário "ocupar-se permanentemente da correta anotação das tarefas no caderno". Portanto, é indispensável estar do lado da criança com paciência por ocasião da anotação das tarefas. Em primeiro lugar expliquem-lhe sua serventia: é um treinamento para tornar-se mais competente.

Escrevam as tarefas na lousa e atribuam tarefas simples, claras e breves. Ajudem a criança a usar corretamente o caderno-diário: ela deve abri-lo na página correta, com a indicação do dia, anotar a tarefa e fazê-la. Verifiquem que ela tenha anotado tudo corretamente, talvez fazendo um sinal positivo se tudo estiver correto.

Entre os docentes deve haver uma combinação a fim de que haja uma equitativa distribuição das tarefas ao longo da semana: para os primeiros três anos de escola fundamental, uma meia-hora de tarefas de casa por dia é suficiente como treinamento cognitivo. Verifiquem todos os dias se as tarefas foram realizadas e, em caso contrário, deem oportunidades de recuperação.

O monitoramento

A regra "escrevo as tarefas no caderno" não deve ser monitorada.

É melhor monitorar a regra "faço as tarefas", matéria por matéria. Uma vez que, para as crianças com TDAH, fazer as tarefas é um tema "delicado", precisamos de uma estratégia didático-educativa de *"full assistance"* [assistência total]: usem o sistema BÔNUS, ou a possibilidade de a criança justificar-se quando não as fez, de modo que possa recuperar-se.

Cada criança terá à disposição dois bônus, em forma de cartõezinhos coloridos, para cada matéria na qual o comportamento-problema se apresente. Cada vez que ela não faz as tarefas de casa, peçam-lhe que entregue um BÔNUS (cartãozinho colorido) ou aceitem sua justificativa. Se nos dias seguintes comparece à escola com a tarefa atrasada concluída, devolvam-lhe o cartão. Lembrem-se de dar-lhe um prazo máximo para poder recuperar-se. Quando se esgotam os BÔNUS e ela continua não realizando as tarefas, continuem com o modelo padrão de monitoramento com as estrelinhas coloridas.

ESTRELINHA PRETA	Se por três vezes não faz as tarefas
ESTRELINHA VERMELHA	Se por duas vezes não faz as tarefas
ESTRELINHA AMARELA	Se por uma vez não faz as tarefas
ESTRELINHA VERDE	Se fez as tarefas

OBS.: Expliquem à criança que se hoje não fez as tarefas e não tem mais BÔNUS, receberá uma estrelinha amarela, mas se também amanhã não os fará, receberá uma estrelinha vermelha e, se continuar não fazendo-as, receberá uma estrelinha preta.

O reforço

As tarefas são uma das grandes questões na escola. Elas devem ser realizadas até o final do percurso escolar: ajudem imediatamente as crianças, portanto, a não odiá-las.

> ESTRELINHA AZUL | Após cinco estrelinhas verdes

O prêmio pode ser, por exemplo, não atribuir tarefas para o dia seguinte.

O pacto educativo

Este comportamento-problema é seguramente o que merece mais paciência e também <u>uma clara aliança com a família</u>. As tarefas não podem e não devem tornar-se um pesadelo: existem famílias nas quais se percebe uma verdadeira "tragédia" na hora de sua realização.

No exato instante em que a criança se perceber entre os dois focos "docente/pais", ela começará a arquitetar estratégias para evitá-los: primeiramente dirá aos pais que não existem tarefas a fazer; em seguida começará a deixar os cadernos ou os livros na escola etc. Organizem um encontro com os pais imediatamente após terem percebido que a criança tem dificuldade de escrever as tarefas no caderno e busca mil desculpas para não fazer seus deveres de casa.

Perguntem aos pais o que acontece no momento de realizar as tarefas de casa e busquem juntos soluções possíveis. Por exemplo: proponham fazer pouco, mas todos os dias. A criança não deve sentir-se "encurralada", mas simplesmente guiada com naturalidade e firmeza na execução daquilo que deve fazer: as tarefas.

O conselho do especialista

Jamais usem como punição para este comportamento-problema um aumento das tarefas de casa: assim só irão alimentar a atitude opositiva da criança.

CAPÍTULO 12 NÃO TERMINA
o trabalho

POR QUE FAZ ASSIM?

Porque tem tempos de concentração breves e se distrai.

Porque se cansa.

Porque sua tarefa é difícil, ou longa, ou chata, e se desmotiva.

Porque muitas vezes simplesmente não tem vontade.

O QUE FAZER

✓ Atribuam-lhe tarefas breves e difíceis ou tarefas longas e simples.

✓ Dividam a tarefa em mais partes.

✓ Ajudem a criança a terminar dando-lhe alguma sugestão.

✓ Encorajem-na usando o *timer*: será como uma corrida cronometrada.

✓ Se ela apresenta dificuldade de escrever, façam-na terminar a tarefa oralmente.

O QUE NÃO FAZER

✘ NÃO lhe atribuam trabalhos longos e difíceis.

✘ NÃO a façam terminar em casa o que deixou de fazer na escola.

✘ NÃO a proíbam de participar do recreio para terminar o trabalho.

✘ NÃO sejam demasiadamente exigentes.

Análise do comportamento-problema

Como já foi dito, para crianças com TDAH, estar na escola é um esforço gigantesco. Elas precisam ficar atentas, paradas, ouvir, calar, estar sentadas, escrever, colorir: chateia, e é trabalhoso demais! Essas crianças sempre se perguntam: Quanto tempo vai durar? Quando terminará? Quando vamos brincar?

Por que as crianças com TDAH não levam até o fim o trabalho iniciado?

Os motivos podem ser muitos: o trabalho é longo e difícil, ou não gostam de colorir, desenhar, escrever por muito tempo ou, em geral, não gostam de fazer as mesmas coisas.

Às vezes não compreendem bem a tarefa em razão da distração; outras vezes sentem fome e pensam na merenda; outras vezes ainda se sentem excessivamente agitadas após participar do recreio no pátio.

Às vezes, ao contrário, exibem um comportamento contrariado porque esperam, dessa forma, ser dispensadas de uma atividade indesejada.

Muitas vezes são condicionadas por preconceitos: rapidamente se convencem de que o trabalho será chato e assim o começam deixando-o inconcluso. Às vezes simplesmente se comportam como "espertinhas" para não trabalhar e continuar perturbando ou se divertindo.

Outras vezes querem alguém ao seu lado por medo de não dar conta do recado. Lembrem-se de que, ao não serem bem-sucedidas em alguma coisa, a frustração as invade. E porque não toleram a frustração preferem, ao invés de fracassar, evitar a tarefa.

Lembrem-se também de que os tempos de atenção da criança com TDAH são muito breves.

Como intervir

Deem à criança a seguinte e única

REGRA
- Devo concluir o trabalho proposto pouco a pouco.

A estruturação

A Circular Ministerial precedentemente citada reza:

> informem claramente os tempos necessários para a execução da tarefa (considerando que o aluno com TDAH pode necessitar de tempos maiores em relação aos demais alunos ou, ao contrário, pode ter a atitude de apressar excessivamente a conclusão).

Usem símbolos claros para indicar a duração e a dificuldade de uma tarefa ou de um formulário. Eventualmente podem escrever os símbolos na lousa, criando uma espécie de legenda.

Não associem extensão e dificuldade numa tarefa: esta deve ser longa e simples, ou breve e complexa.

Outra dica da Circular Ministerial sugere que se

> organizem provas escritas subdivididas em mais partes e convide o estudante a efetuar uma acurada revisão da própria tarefa antes de entregá-la.

Podem, portanto, dividir os quesitos em mais folhas e entregar a segunda folha após a entrega da primeira com a tarefa concluída, e assim por diante.

Como indicação geral, se organizem sempre de forma a não perder de vista a criança enquanto está trabalhando e estimulem seus tempos de atenção.

O monitoramento

ESTRELINHA PRETA	Se se recusa a trabalhar
ESTRELINHA VERMELHA	Se não termina o trabalho atribuído
ESTRELINHA AMARELA	Se necessita de contínuos pedidos para que termine o trabalho
ESTRELINHA VERDE	Se termina o trabalho automaticamente

O reforço

Neste caso é aconselhável usar, além da compilação das estrelinhas verdes, frequentes gratificações verbais: "Bravo! Bom trabalho! Continue assim! Tenho orgulho de você! Parabéns!" etc.

O pacto educativo

Verifiquem com os pais se em casa a criança passa continuamente de uma atividade à outra antes de ter terminado uma.

Perguntem se ela consegue trabalhar por ao menos vinte minutos consecutivamente num trabalho pouco agradável para ela.

Perguntem se eles ajudam a criança a terminar as tarefas ou se a substituem, fazendo-a no lugar dela.

Perguntem também se ela passa de um jogo para outro sem colocar em ordem o primeiro, e se necessita ser alertada mais de uma vez.

Sondem a disponibilidade dos pais em treinar também em casa a criança a completar aquilo que inicia: podem fazê-lo atribuindo-lhe pequenos trabalhos (arrumar a mesa, limpar etc.).

Os conselhos do especialista

Os professores nunca devem punir a criança por não ter terminado seu trabalho em sala de aula: isso não serve para nada.

Em particular, nunca lhe digam que, por ser lenta ou preguiçosa, deve omitir o recreio para completar o trabalho inconcluso, ou terminá-lo em casa.

Mesmo que a criança lhes pareça provocativa, não caiam na armadilha da punição.

São vocês, e não ela, que devem encontrar a solução para o comportamento-problema.

Muito frequentemente a criança com TDAH apresenta dificuldades grafomotoras: não a envergonhem pela desordem de seus cadernos. Caso ela se esforce, mesmo que o resultado seja pouco preciso, felicitem-na.

A desatenção é o núcleo sintomático mais importante do TDAH: é em razão do mau funcionamento de seu sistema de atenção que a criança apresenta dificuldades na escola. Esta é, portanto, sua necessidade educativa especial. Em razão dessa desatenção ela deve, pois, ser ajudada.

CAPÍTULO 13 VIVE COM A CABEÇA
nas nuvens

POR QUE FAZ ASSIM?

Porque a criança com TDAH se entedia e tem alguma coisa que a distrai.

Porque gosta de perder-se em seus pensamentos.

Porque está cansada e precisa de "leveza".

Porque seu mundo fantástico é muito rico em projetos.

O QUE FAZER

✓ Reduzam suas **distrações visuais**.

✓ Limitem suas **distrações auditivas**.

✓ Observem se ela **escuta** mesmo quando está com a "cabeça nas nuvens".

✓ **Alertem-na** com frequência.

✓ Levem-na a fazer uma **breve pausa** se realmente não consegue ficar atenta.

O QUE NÃO FAZER

✗ NÃO a repreendam.

✗ NÃO pretendam que esteja concentrada por mais de meia-hora sem pausa.

✗ NÃO percam a paciência nem a firmeza.

✗ NÃO subestimem as distrações sensoriais (auditivas e visuais).

✗ NÃO se comportem como juízes.

Análise do comportamento-problema

A criança com TDAH se refugia "nas nuvens" cada vez que sobre o "planeta Terra" a situação se torna chata, lenta, repetitiva.

"Nas nuvens" estão todos os sonhos e ideias que ela pensa realizar; mas as nuvens também são macias e fofinhas, e nelas é possível descansar.

Distrair-se serve às vezes para afastar-se do estresse do momento a fim de descansar.

Existem momentos ou situações que predispõem mais a criança a perder-se nos próprios pensamentos: de manhã bem cedo (muitas crianças com TDAH sentem dificuldade de acordar); ou no final da manhã (algumas sentem muita fome e, portanto, perdem a concentração); se o dia está chuvoso ou se chega a primavera e pela janela é possível ver árvores floridas; se ela sofre de alergias sazonais (mais frequentes nessas crianças); se está passando por preocupações maiores etc.

Enfim, é possível "viver nas nuvens" por inúmeros motivos.

Em geral, quando a criança está com a cabeça nas nuvens, só aparentemente não escuta: ela pode estar distraída, mas também tem condições de concentrar-se em mais coisas contemporaneamente.

O problema real são as fontes de distração, que para uma criança com TDAH podem ser muitas: estimulações visuais, motoras, auditivas (sons ou rumores repentinos, um colega que brinca com o material escolar, um outro que aparece com um estojo novo, e assim por diante). As fontes de distração podem ser externas e/ou internas (as ideias que lhe rondam a cabeça em geral vão a mil por hora).

Seja como for, o principal inimigo da concentração é o tédio. As crianças com TDAH o percebem de modo ampliado e, quando não a toleram mais, se mexem ou se distraem.

Como intervir

Deem à criança as seguintes

REGRAS
- Escuto o professor quando está explicando.
- Procuro não me distrair.
- Procuro ficar atenta por dez minutos.
- Procuro ficar atenta por quinze minutos.
- Procuro ficar atenta por vinte minutos.

Para acostumar a criança à regra, comecem propondo um tempo de atenção-base de cinco minutos usando ampulhetas coloridas; em seguida, aumentem gradualmente os tempos de atenção, até chegar a vinte minutos.

A estruturação

A primeira coisa a ser feita é se perguntar: Sou suficientemente estimulador quando explico aos meus alunos? Tentem colocar-se no lugar das crianças com TDAH e se perguntem: Seria chato ouvir a mim mesmo?

Tentem estruturar a lição sem muitos tempos mortos; usem muito material visual, colorido e sonoro, sem descartar a fantasia e a imaginação.

Para trabalhar em ambiente de sala de aula: se este ambiente for sensorialmente muito dispersivo, é melhor fazer uma "limpeza visual".

A Circular Ministerial já referida sugere:

- Predispor o ambiente no qual é inserido o estudante com TDAH de modo a reduzir ao mínimo as fontes de distração.
- Certificar-se de que, durante a pergunta, o aluno tenha ouvido e refletido sobre a questão, e estimular uma segunda resposta quando a primeira é dada friamente.
- Avaliar as elaborações escritas com base no conteúdo, sem considerar exclusivamente os erros de distração, valorizando assim mais o produto e o empenho do que a forma.

O monitoramento

Estrelinha preta	Se os tempos de atenção espontâneos são inferiores a dez minutos
Estrelinha vermelha	Se os tempos de atenção espontâneos variam entre os dez e os quinze minutos
Estrelinha amarela	Se os tempos de atenção espontâneos variam entre os quinze e os vinte minutos
Estrelinha verde	Se os tempos de atenção espontâneos superam os vinte minutos

O reforço

Se a distração é um problema constante, reforcem-na com uma ESTRELINHA AZUL cada vez que a criança consegue ficar concentrada por trinta minutos, medidos pela ampulheta posicionada sobre sua carteira.

O pacto educativo

Tentem compreender com os pais quais são os interesses da criança e usem-nos para motivá-la a ficar mais atenta e concentrada em sala de aula.

Os pais lhes dirão que em alguns jogos (tipo Lego, Playmobil ou videogame) a criança consegue ficar concentrada inclusive por horas.

Verifiquem se ela já tem livre-acesso à internet e, em caso positivo, por quanto tempo ao longo do dia.

Expliquem aos pais que para aprender os "atos escolares" (ler, escrever, calcular, ciências, geografia, história...) é indispensável que a criança esteja muito atenta em sala de aula. Peçam-lhes, portanto, para reduzir em casa as atividades on-line (p. ex., usar os dispositivos tecnológicos no máximo uma hora por dia), pois, de outra forma, vocês professores dificilmente conseguiriam ser tão interessantes quanto um videogame ou o *youtuber* preferido.

Os conselhos do especialista

Sejam sempre dinâmicos e envolventes na exposição de um novo tema ou na explicação de uma regra.

Tentem fazer de tal forma que sua aula se pareça com uma hora de aventura, como se fosse um capítulo do programa preferido das crianças.

Deixem suas preocupações pessoais fora da sala de aula e busquem ser sempre pacientes e bem-dispostos.

Estimulem uma sadia competição entre os alunos para melhorar os tempos de trabalho e de rendimento escolar.

CAPÍTULO 14 TEM DIFICULDADE
de se organizar

POR QUE FAZ ASSIM?

Porque a criança com TDAH tem um déficit específico nas funções executivas.

Porque tem uma percepção do tempo atípica: o passar do tempo pode parecer-lhe lentíssimo ou velocíssimo.

Porque, para ela, organizar-se é uma perda de tempo, e é mais simples improvisar do que se organizar.

O QUE FAZER

✓ Sempre lembrá-la da **sequência** das coisas a serem feitas.

✓ Expliquem com calma a sequencialidade das ações: **passo a passo**.

✓ Perguntem se ela quer melhorar: façam-na **competir consigo mesma** a fim de torná-la mais capacitada.

✓ Não deixem o **planejamento** das cosias na corda bamba.

✓ **Subdividam** as grandes tarefas em atividades menores.

O QUE NÃO FAZER

✗ NÃO a envergonhem quando faz as coisas de modo aproximativo.

✗ NÃO desistam mesmo quando parece não lhes escutar.

✗ NÃO esperem que ela se torne ordenada e precisa.

Análise do comportamento-problema

Uma das dificuldades mais evidentes nas crianças com TDAH é a pouca organização espaço-temporal.

Elas tendem a ser muito desordenadas, a invadir os espaços comuns, a ocupar fisica e visualmente o lugar pelo fato de geralmente se acomodar no banco da escola de forma inconveniente. Em igual medida, não conseguem usar devidamente o espaço numa folha de caderno ou diário.

Quanto à organização do tempo, sua cronometria mental é totalmente atípica: se estão muito concentradas numa atividade fascinante para elas, a rapidez com que o tempo transcorre passa-lhes desapercebida (às vezes ao ponto de, enquanto crianças ainda, sequer se dar conta da necessidade de ir ao banheiro).

Com frequência não se dão conta de que, para fazer bem uma atividade, necessita-se de tempo, e que este deve ser organizado de modo a propiciar a realização de tudo o que deve ser feito no prazo estabelecido ou ao longo da jornada escolar: pela própria característica de serem "exageradas", essas crianças extrapolam no querer fazer demasiadas coisas num espaço delimitado de tempo.

Elas têm uma errônea concepção do tempo mesmo quando estão realizando uma atividade indesejada ou chata. Nesse caso "o tempo nunca passa", e costumam perguntar: "Quando isso acaba?"

Dessa forma, frequentemente protelam, adiam as tarefas menos agradáveis. E quando percebem o limiar do tempo, ficam com raiva de si mesmas ou de quem as cobra, e perguntam: "Por que não me avisaram que o tempo estava acabando?"

A desorganização dessas crianças está igualmente ligada à "intolerância" do "ter que fazer".

As consequências dessa desorganização podem ser vistas em seus cadernos geralmente bagunçados, no tempo que levam para desenvolver uma tarefa, no fato de geralmente serem as últimas a entrar na sala de aula após a pausa, em seus esquecimentos, na dificuldade de se enquadrarem em jogos coletivos.

Como intervir

Deem à criança a fundamental e seguinte

REGRA

- Antes de iniciar uma atividade aprendo a perguntar-me: O que necessito para desenvolvê-la?

A estruturação

As crianças com TDAH necessitam de que os professores lhes organizem a atividade: sozinhas elas se perdem na sequência das coisas. Cronometrem, portanto, o tempo, organizem os espaços, definam as ações de forma clara, ou seja, digam-lhes: em primeiro lugar faremos isto; em seguida, aquilo; por fim, isto (*step by step* [passo a passo]).

Apresentem-lhes sempre o "manual de instruções" para cada atividade a ser feita: nunca pressuponham nada.

Verifiquem se o ambiente da sala de aula está em ordem e organizado, com ritmos e rotinas claras e visíveis.

As crianças com TDAH são desorganizadas porque se sentem sobrecarregadas pelo volume de trabalho e precisam que as tarefas ou as incumbências sejam subdivididas em pequenas unidades.

A Circular Ministerial citada anteriormente sugere:

- Encorajar o uso de gráficos, faixas, tabelas, palavras-chave para favorecer a aprendizagem e desenvolver a comunicação e a atenção.

- Favorecer o uso do computador e de enciclopédias multimídias, vocabulários de CD etc.
- As provas escritas devem ser subdivididas em mais quesitos ou partes, em folhas separadas a serem entregues individualmente, uma após a outra. Em geral os alunos com TDAH têm um "bloqueio" quanto às tarefas a serem realizadas em sala de aula: para elas é um constrangimento, e com o passar do tempo se torna uma tortura.
- Avisar claramente os tempos necessários para a execução da tarefa (levando em conta que o aluno com TDAH pode necessitar de tempos maiores em relação aos colegas ou, ao contrário, pode apressar excessivamente a conclusão).
- Convidar o estudante a fazer uma acurada correção da tarefa antes de entregá-la.

O monitoramento

Estrelinha preta	Se, sem a presença constante de um adulto, não se organiza em nenhuma atividade
Estrelinha vermelha	Se consegue desenvolver sua atividade só com um auxílio verbal
Estrelinha amarela	Se, com o chamamento inicial à regra, consegue administrar a atividade em autonomia
Estrelinha verde	Se, sem o chamamento inicial à regra, consegue administrar uma atividade

O reforço

Estrelinha azul	Se trabalha com autonomia em cada atividade ao longo de toda a manhã

O pacto educativo

Perguntem aos pais se são constantemente coagidos a estar ao lado da criança na organização tanto do uso de seu tempo quanto de seus espaços em casa.

Perguntem também:
- se a criança é desordenada e caótica nos jogos;
- se tende a atrasar-se pela manhã;
- se se irrita quando alguém a apressa;
- se faz tudo na última hora.

Em geral as crianças com TDAH são ótimas em jogos como o Lego e similares. Explorem esta habilidade de planejamento e organização também em outros campos.

Os conselhos do especialista

Estruturem, planejem, organizem, reorganizem para elas no intuito de ajudá-las a "funcionar" da melhor forma; do contrário, elas correm o risco de "se perderem".

Façam uso de uma didática prática e simples, com muito material visual.

Lembrem-se de que elas não se distraem de propósito na execução de uma atividade: fiquem constantemente ao lado delas, "sem esmorecer".

CAPÍTULO 15 PERDE
e esquece os objetos

POR QUE FAZ ASSIM?

Porque a criança com TDAH é desatenta, não se afeiçoa aos objetos e, para ela, portanto, é fácil não pensar neles.

Porque é esquecida e, portanto, pouco fiável.

Porque é vagarosa.

Porque não dá o justo valor aos objetos.

O QUE FAZER

✓ Ensinem-na a fazer a **lista** e a **checar** o material escolar.

✓ Se indispensável, tenham **em casa** uma cópia dos livros escolares.

✓ Assegurem-lhe um(a) companheiro(a) como **tutor**.

✓ Sejam uma espécie de *pró-memoria* dela em tudo.

✓ Usem histórias sociais para fazê-la compreender a sensação de quando se perde alguma coisa importante.

O QUE NÃO FAZER

✘ NÃO façam muita pressão sobre ela.

✘ NUNCA exerçam a função de "personal ajudante".

✘ NÃO a substituam.

✘ NÃO deem nota por um comportamento inoportuno.

✘ NÃO se esqueçam de elogiá-la quando levar para a escola todo o material necessário.

Análise do comportamento-problema

Como já vimos, as crianças com TDAH geralmente se perdem em seus pensamentos e, por isso, facilmente esquecem anotações, regras, acordos, bem como o material escolar.

De modo geral elas são espontâneas, despreocupadas, alegres, dinâmicas, velozes; mas também pouco precisas, pouco fiáveis, pouco coerentes, pouco obedientes e relativamente preguiçosas.

Geralmente elas apresentam dificuldade de organizar-se e, portanto, de compreender que devem cuidar e conservar seus objetos. Cuidar das próprias coisas pode ser uma tarefa chata: por isso, em casa, geralmente apresentam comportamentos birrentos quando os pais lhes pedem para verificar se na mochila está todo o material de que necessitam para a jornada escolar.

Em geral, os brinquedos, os materiais esportivos e as roupas dessas crianças se apresentam bastante "surradas", gastas ou rasgadas. As crianças com TDAH vivem seus objetos "intensamente", nunca pensam nas consequências, ou que poderiam quebrar-se ou deteriorar-se.

Elas vivem o presente, e em razão de sua cronometria mental e de sua inata impulsividade não pensam no depois.

Situações escolares que ilustram essa condição são o fato de elas aparecerem na escola sem a roupa adequada para a educação física, esquecerem a merenda ou o livro para acompanhar a lição diária.

Muito frequentemente essas situações causam consequências negativas na iteração social: nos trabalhos e nos jogos coletivos ou de grupo, essas crianças são consideradas desorientadas, inexatas e pouco fiáveis.

Como intervir

Deem à criança as seguintes

REGRAS
- Em casa: penso nas lições diárias e preparo a mochila (ou pasta) com todo o material necessário.
- Na escola: antes de sair da sala de aula "checo" todo o material escolar.

A estruturação

Professores: ensinem todos os dias às crianças a fazerem a lista do material escolar a ser levado para a escola.

É aconselhável elaborar com todas as crianças o *planning* (o horário da semana), acrescentando ao elenco das matérias os elementos visíveis (imagens, fotografias, adesivos, sobretudo para o primeiro ano) daquilo que vai ser usado na escola. No final da lição ou, melhor ainda, no final da jornada escolar, façam a lista do que deve ser trazido de casa para a próxima aula. Ajudem os alunos com TDAH a individuar e a usar só o que de fato é necessário para a aula.

Colaborem com elas quando se trata de organizar os espaços.

Acostumem-nas desde o início com os colegas "*pró-memoria*", mas façam o intercâmbio com frequência, do contrário "se habituam" ao *pró-memoria* ocular e não lhe prestam mais atenção.

Usem com a criança com TDAH as histórias sociais ou os jogos de representação para que compreendam melhor como é possível sentir-se toda vez que não dispõe das coisas que lhe servem para a sua atividade. Ensinem-nas a tornar-se conscientes de seus esquecimentos e ofereçam-lhes alguma estratégia para ajudá-las a não esquecer os objetos.

O monitoramento

Estrelinha preta	Se perde cotidianamente os objetos
Estrelinha vermelha	Se esquece cotidianamente os objetos
Estrelinha amarela	Se é necessário lembrá-la de guardar seus objetos todos os dias, ao final da aula
Estrelinha verde	Se leva para a escola o necessário

O reforço

Estrelinha azul	Se não perde e não esquece nenhum objeto por uma semana

O pacto educativo

Quando ouvirem os pais falarem sobre este tema, possivelmente descobrirão que também em casa a criança é descuidada: provavelmente ela deve esquecer inclusive a merenda que a mãe deixou sobre a mesa, ou vestir-se com "a roupa de escola", necessitando assim que alguém a advirta.

É bem provável que ela perca o material esportivo, um objeto após outro, mesmo que os pais sempre a aconselhem a guardá-los em seu devido lugar após seu uso. Os momentos mais propícios para tanto são aqueles nos quais ela se encontra mais excitada e não consegue conter-se, ou quando está "mais pilhada".

Estabeleçam-lhe pequenos objetivos (deixar a pasta em ordem e completa); ajudem-se reciprocamente a verificar o material escolar e a colocá-lo sempre em ordem (p. ex., sempre averiguando a pasta ou a mochila, tanto na escola [professores] quanto em casa [pais]).

Obviamente será muito difícil aperfeiçoar esse ponto se os pais, por sua vez, também são desorganizados.

Os conselhos do especialista

Busquem responsabilizar as crianças sem que elas se sintam erradas: o objetivo é sempre a autonomia, mas essa autonomia nem sempre é alcançada aprendendo com os erros.

Não as repreendam: estejam do seu lado sem substituí-las.

Tentem reativar o "recurso-coleguismo": o mais capaz pode ajudar quem está em dificuldade, em todos os aspectos (no esporte, na leitura, no desenho, na matemática, nos trabalhos manuais, nas situações que requerem coragem etc.).

Façam com que vivam e cresçam na sala de aula como se estivessem numa pequena sociedade civil, com regras, direitos e deveres, e também diversão: a diversão de aprender.

Anotações

CONCLUSÕES

Eis que chegamos ao fim deste caderno de *Teacher Training* cujo objetivo era o de lhes ajudar a compreender melhor seus estudantes portadores do TDAH. Compreender melhor para ajudá-los a crescer.

Quanto mais a criança com TDAH experimentar o sucesso e receber gratificações, tanto mais se sentirá motivada a repetir as mesmas ações corretas, a responder positivamente às sugestões e colaborar, desenvolvendo assim a autoestima e a confiança em si mesma, sentimento do qual necessitará em sua delicada fase de crescimento.

Lembrem-se de que se compreendermos bem seu perfil de funcionamento, conseguiremos oferecer-lhe os instrumentos dos quais necessita e a ajudaremos a melhorar concretamente seu comportamento na escola e também em casa.

Concluo compartilhando uma carta que habitualmente escrevo aos professores que têm em sala de aula crianças com TDAH, e que acompanho no trabalho clínico de neuropsiquiatria infantil.

Carta aos professores

Caros professores,

Emílio é um aluno alegre, sociável e muito dinâmico.

Está feliz por frequentar a escola. Embora se interesse em aprender, tem dificuldade de concentrar-se por tempos prolongados. Por isso, geralmente necessita de pausas frequentes, precisa movimentar-se, levantar-se. Facilmente se distrai e, por essa razão, precisa sentar-se numa carteira afastada de elementos que o distraiam.

Ele apresenta dificuldades na gestão do material escolar: frequentemente o extravia, o esquece ou o troca com os companheiros. Também apresenta problemas grafomotores: tem dificuldades de respeitar as margens, de fazer linhas retas, de colorir dentro das formas, de escrever ordenadamente.

Se lhe for solicitado refazer uma tarefa por estar desordenada, mesmo que correta, se sente envergonhado, desmotivado e às vezes "birrento".

Nos jogos livres, sobretudo no pátio da escola, tende a ser muito dinâmico, pilhado, não consegue ficar parado e, em sua agitação eufórica, sente dificuldades de seguir as orientações dos adultos. Tais dificuldades se manifestam também em casa, não obstante algumas intervenções educativas direcionadas.

Com a presente carta pretendo que considerem essas características individuais de Emílio que, às vezes, sobretudo em ambiente escolar, podem constituir dificuldades específicas.

A família de Emílio se disponibiliza a trabalhar em comum acordo com os professores estabelecendo assim um pacto educativo compartilhado para ajudá-lo a aprender a auto-organizar-se melhor.

Caso as dificuldades escolares de seu filho ou filha sejam consideráveis, estamos dispostos a combinar encontros com vocês.

Confiante em sua plena compreensão e colaboração, estou à disposição para eventuais esclarecimentos.

Cordiais saudações,

Dra. Donatella Arcangeli
Neuropsiquiatra infantil e da adolescência

REFERÊNCIAS

AA.VV. (2012). *ADHD a scuola* – Straterie efficaci per gli insegnanti. Trento: Erickson.

APA (2013). *DSM-5: Diagnostic and statistical manual of mental disorders.* 5. ed. Washington: American Psychiatric Publishing [Trad. it. *DSM-5: Manuale diagnostico e statistico dei disturbi mentali.* Milão: Raffaello Cortina Editore. Trad. italiana da 5. ed. de Francesco Saverio Bersani, Ester di Giacomo, Chiarina Maria Inganni, Nidia Morra, Massimo Simone, Martina Valentini].

BARKLEY, R.A. (2018). *ADHD*: Strumenti e estrategie per la gestione in classe. Trento: Erickson.

DAFFI, G.; PRANDOLINI, C. (2013). *ADHD e compiti a casa.* Trento: Erickson.

HORSTAMANN, K.; STEER, J. (2012). *Aiutare gli alunni con ADHD a scuola.* Trento: Erickson.

MIUR – Ministero dell'Istruzione, dell'Università e della Ricerca (2010). *Circolare Ministeriale n. 4.089, del 15 giugno 2010.* Disturbo di deficit di attenzione ed iperattività.

_____. (2009). *Circolare Ministeriale n. 6.013, del 4 dicembre 2009.* Problematiche collegate alla presenza nelle classi di alunni affetti da sindrome ADHD (deficit di attenzione/iperattività).

PAIANO, A.; RE, A.M; FERRUZZA, E.; CORNOLDI, C. (2014). *Parent training per l'ADHD.* Trento: Erickson.

SHAPIRO, L. (2015). *ADHD*: Il mio libro di esercizi. Trento: Erickson.

USAI, M.C. et al. (2012). *Diamoci una regolata*: Guida pratica per promuovere l'autoregolazione a casa e a scuola. Milão: FrancoAngeli.

Sitografia[5]

https://www.aidaiassociazione.com/linee-guida-sinpia/

---

5 O acesso aos dados foi feito em 08/11/2019.

https://lamenteemeravigliosa.it/il-modello-di-barkley-adhd/ (teoria do modelo de Barkley sobre causas e evolução do TDAH).

https://www.aifaonlus.it (site da AIFA – Associação Italiana Famílias ADHD, ou, conforme nossa tradução em português, TDAH).

https://www.coachingforadhd.com/adhd-blog/adhd-awareness/normal-adhd/ (site em inglês com blog e conselhos).

App

RADICCI, E. *Faccio il bravo* [disponível em https://apps.com/it/app/faccio-il-bravo/id965863076] (app desenvolvido para dar suporte aos pais, professores ou educadores no gerenciamento dos comportamentos problemáticos através da criação do *Token Economy*).

Facebook

Laura aiuto ADHD (grupo de ajuda mútua mantido por uma mãe de uma criança com TDAH de Merano. Bolzano, Itália).

Vídeo aconselhado

Fabrizio, il fuoco... e tutto il resto [disponível em https://www.raiscuola,rai.it/articoli-programma-puntate/fabrizio-il-fuoco%e2%80%a-6e-tutto-il-resto/22960/default.aspx] (Docufilme realizado pelo prof. Stefano Vicari, do Hospital Bambin Gesù, de Roma, que explica a evolução negativa de um indivíduo com TDAH não adequadamente tratado).

Leitura recomendada

RIORDAN, R. (2016). *Percy Jackson e gli dei dell'Olimpo*. 5 vol. Milão: Mondadori (Saga literária do gênero fantasia que conta o cotidiano e a vida de um adolescente disléxico e com TDAH, incompreendido na escola, que descobre ser diferente porque pertence ao mundo dos semideuses. O livro *Percy Jackson e gli dei dell'Olimpo – il ladro di fulmini*, foi transformado em filme em 2010).

Apêndice

FICHAS DE TRABALHO

As fichas de trabalho presentes no *Apêndice* podem ser baixadas e impressas em formato A4 a partir do seguinte link:

http://www.vozes.com.br/material_tdah/

FICHA INFORMATIVA

- A criança gosta da escola?
- Sabe organizar o material escolar?
- (*para o segundo ano*) As tarefas de casa são um problema?
- O que a criança faz no tempo livre?
- Usa celular/computador/tablet/videogames/televisão? Quantas horas por dia? Para vocês, é um problema organizar essas ocupações?
- Com quem ela vive?
- É uma criança difícil de lidar em família? Se sim, quais são os comportamentos problemáticos que poderiam apresentar-se também na escola?
- É uma criança que se irrita? O que a irrita, e quando mais se irrita?
- Como manifesta sua raiva (grita, ameaça, diz palavrões, atira objetos, bate, foge)?
- Com que frequência tem crises de raiva (cotidianas, semanais, esporádicas)? Isso só acontece em casa ou também fora?
- Para vocês, ela também poderia ter uma crise na escola?
- O que podemos fazer para antecipar, prever ou prevenir a crise?
- É uma criança que se preocupa? É ansiosa? Se sim, o que a deixa preocupada ou ansiosa?
- É uma criança triste? Se sim, o que a entristece?
- Sabe comunicar suas emoções, suas preocupações, suas necessidades?
- Como é possível comunicar-se melhor com ela?
- Tem dificuldades de aceitar um não?
- Tem dificuldades de aceitar regras?

Se me permitirem, farei agora perguntas individuais:
- Nos últimos meses, eventos estressantes aconteceram em sua família? (doenças, lutos, mudanças, problemas econômicos, separações...)
- Quais são os serviços envolvidos no cuidado da criança?
- Existem intervenções em curso? Se sim, quais?
- A criança toma algum remédio? Se sim, quais?

TABELA DE OBSERVAÇÃO

○ preta = **péssimo**   ○ vermelha = **ruim**   ○ amarela = **nada mal**   ○ verde = **muito bom**

Nome _____ Comportamento- -problema	semana de ___ a ___	semana de ___ a ___	semana de ___ a ___	semana de ___ a ___
Hiperatividade				
Levanta-se e vagueia pela sala	○	○	○	○
Deita-se debaixo da carteira	○	○	○	○
Brinca com o material na carteira	○	○	○	○
Tagarela e atrapalha a aula	○	○	○	○
É caótica e barulhenta no jogo	○	○	○	○
Impulsividade				
Não respeita sua vez	○	○	○	○
Interrompe e é invasiva	○	○	○	○
Comete sempre os mesmos erros	○	○	○	○
Não evita o perigo	○	○	○	○
Não consegue ser paciente	○	○	○	○
Desatenção				
Não anota as tarefas	○	○	○	○
Não termina o trabalho	○	○	○	○
Vive com a cabeça "nas nuvens"	○	○	○	○
Tem dificuldade de organizar-se	○	○	○	○
Perde e esquece os objetos	○	○	○	○

TABELA DE MONITORAMENTO

○ preta = **péssimo** ○ vermelha = **ruim** ○ amarela = **nada mal** ○ verde = **muito bom** ○ azul = **muito bom**

Nome _____ **1ª semana** de _____ a _____

Comportamento-
↙ -problema

	Segunda	Terça	Quarta	Quinta	Sexta	Sábado	Domingo
	○	○	○	○	○	○	○
	○	○	○	○	○	○	○
	○	○	○	○	○	○	○

Nome _____ **2ª semana** de _____ a _____

Comportamento-
↙ -problema

	Segunda	Terça	Quarta	Quinta	Sexta	Sábado	Domingo
	○	○	○	○	○	○	○
	○	○	○	○	○	○	○
	○	○	○	○	○	○	○

TABELA DE MONITORAMENTO

○ preta = **péssimo**   ○ vermelha = **ruim**   ○ amarela = **nada mal**   ○ verde = **muito bom**   ○ azul = **muito bom**

Nome _____   3ª semana de _____ a _____

Comportamento-
-problema

	Segunda	Terça	Quarta	Quinta	Sexta	Sábado	Domingo
	○ ○	○ ○	○ ○	○ ○	○ ○	○ ○	○ ○
	○ ○	○ ○	○ ○	○ ○	○ ○	○ ○	○ ○
	○ ○	○ ○	○ ○	○ ○	○ ○	○ ○	○ ○

Nome _____   4ª semana de _____ a _____

Comportamento-
-problema

	Segunda	Terça	Quarta	Quinta	Sexta	Sábado	Domingo
	○ ○	○ ○	○ ○	○ ○	○ ○	○ ○	○ ○
	○ ○	○ ○	○ ○	○ ○	○ ○	○ ○	○ ○
	○ ○	○ ○	○ ○	○ ○	○ ○	○ ○	○ ○

O ACORDO/CONTRATO

Eu, _____, da classe _____, Escola _____,
comprometo-me a melhorar, com a ajuda dos professores, estes meus comportamentos:

1) _____
2) _____
3) _____

Se conseguir melhorar ganharei estrelinhas verdes pela soma dos prêmios adquiridos.

_____

Assinatura
do aluno/a

_____

_____

Assinatura
dos professores

Os pais de _____ se comprometem a ajudá-lo(a) a melhorar seus comportamentos na escola.

_____   _____

Data   _____

Assinatura dos pais

COMPILAÇÃO DE PRÊMIOS

A criança colore em ordem, ganha uma estrelinha verde, como na tabela que segue abaixo, tendo por base a atribuição do professor sobre a Tabela de Monitoramento, ou após um comportamento correto ou uma ação meritória (sempre sob decisão do adulto).

A primeira linha de chegada, ou o primeiro prêmio que vai receber, será após cinco estrelinhas verdes; em seguida, após dez; depois, após quinze, até chegar a vinte estrelinhas.

Eis alguns exemplos de prêmios a propor (já lembramos de que devem ser "sociais" antes que materiais).

Vocês têm a liberdade de acrescentar outros nos espaços vazios:

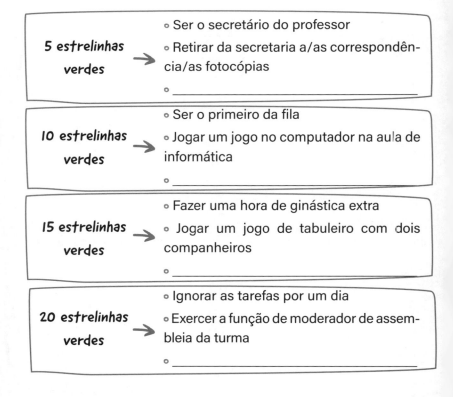

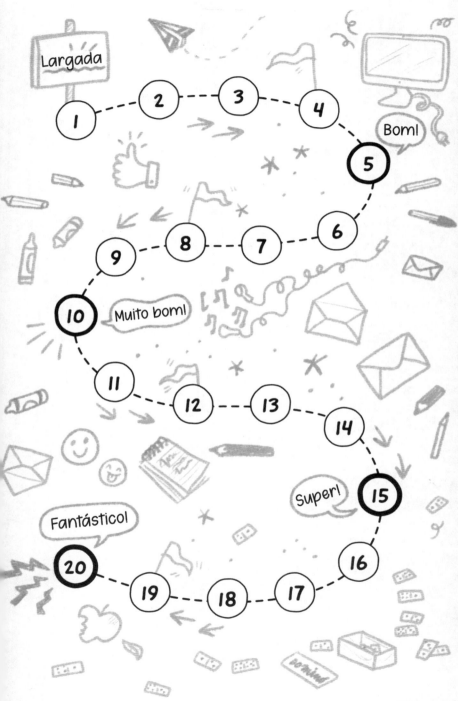

COLEÇÃO

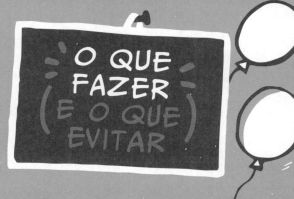

O QUE FAZER (E O QUE EVITAR)

Acesse

LIVRARIAVOZES.COM.BR/COLECOES/
O-QUE-FAZER-E-O-QUE-EVITAR

e veja a coleção completa

Conecte-se conosco:

f facebook.com/editoravozes

⌾ @editoravozes

𝕏 @editora_vozes

▶ youtube.com/editoravozes

☎ +55 24 2233-9033

www.vozes.com.br

Conheça nossas lojas:
www.livrariavozes.com.br

Belo Horizonte – Brasília – Campinas – Cuiabá – Curitiba
Fortaleza – Juiz de Fora – Petrópolis – Recife – São Paulo

 *Vozes de Bolso*

EDITORA VOZES LTDA.
Rua Frei Luís, 100 – Centro – Cep 25689-900 – Petrópolis, RJ
Tel.: (24) 2233-9000 – E-mail: vendas@vozes.com.br